Lukas Bärfuss
Malaga
Parzival
Zwanzigtausend Seiten

Lukas Bärfuss

Malaga
Parzival
Zwanzigtausend Seiten

Stücke

WALLSTEIN VERLAG

Für Kaa

Bibliografische Information der Deutschen Nationalbibliothek
Die Deutsche Nationalbibliothek verzeichnet diese Publikation
in der Deutschen Nationalbibliografie; detaillierte bibliografische
Daten sind im Internet über http://dnb.d-nb.de abrufbar.

© Wallstein Verlag, Göttingen 2012
www.wallstein-verlag.de
Alle Aufführungs- und medialen Rechte liegen bei der
HARTMANN & STAUFFACHER GmbH
Vom Wallstein Verlag gesetzt aus der Stempel Garamond
Umschlaggestaltung: Susanne Gerhards, Düsseldorf
Druck und Verarbeitung: Friedrich Pustet, Regensburg
ISBN 978-3-8353-1100-8

Malaga

It's not dark yet,
but it's getting there.
Bob Dylan

Personen

Vera
Michael
Alex

VERA Maria ist krank.

MICHAEL Nein.

VERA Sie wird dieses Wochenende nicht nach Rebekka schauen können.

MICHAEL Oh Gott, bitte nicht.

VERA Beruhige dich.

MICHAEL Das nicht, bitte nicht jetzt.

VERA Alex kann kommen.

MICHAEL Wie. Das heißt, es ist alles geregelt.

VERA Ich habe alles geregelt.

MICHAEL Und warum sagst du das nicht gleich.

VERA Bitte.

MICHAEL Warum beginnst du mit einer Katastrophenmeldung –

VERA Also –

MICHAEL – um mir dann, nach einer höchst kunstvollen Pause, mitzuteilen, dass es überhaupt keine Katastrophe und alles geregelt sei.

VERA Michael.

MICHAEL Du hast mich voller Absicht in diesen Abgrund blicken lassen –

VERA Wie habt ihr eigentlich –

MICHAEL – warum tust du –

VERA – wie war euer –

MICHAEL – das ist boshaft.

VERA Ist etwas passiert.

MICHAEL Was soll passiert sein.

VERA Rebekka sitzt in ihrem Zimmer und ist beleidigt.

MICHAEL Dazu hat sie nun allerdings keinen Grund.

VERA Wie war euer Nachmittag.

MICHAEL Du weißt, dass wir ins Schwimmbad wollten.

VERA Aber.

MICHAEL Rebekka hatte keinen Schwimmanzug.

VERA Ich habe alles bereitgelegt.

MICHAEL Wenn du dieses fliederfarbene Nichts meinst, diesen Stofffetzen, tut mir leid, aber das ist kein Schwimmanzug. Nicht für eine Siebenjährige.

VERA Sie hat ihn sich selbst ausgesucht.

MICHAEL Und ich frage mich, was da schiefgelaufen ist.

VERA Sie entdeckt gerade –

MICHAEL Was in der Erziehung schiefgelaufen ist.

VERA Sie entwickelt ihren eigenen Stil.

MICHAEL Ein siebenjähriges Mädchen braucht keinen eigenen Stil.

VERA Ihr wart also nicht schwimmen.

MICHAEL Wir waren im medizinhistorischen Museum.

VERA Ich bitte dich.

MICHAEL Was. Die Moulagensammlung hat Weltgeltung.

VERA Da wäre ich auch schlecht gelaunt.

MICHAEL Jedenfalls muss man sie Freitagmittag aus der Schule holen. Sag das dem Babysitter.

VERA Ich weiß nicht, ob Alex da Zeit hat.

MICHAEL Aber es war klar, dass –

VERA Du holst sie Freitag immer ab.

MICHAEL Aber nicht diesen Freitag. Mein Zug nach Innsbruck geht um elf.

VERA Klär du das mit ihm. Ich gebe dir seine Nummer.

MICHAEL Mit wem soll ich das klären.

VERA Frag ihn, ob er schon um elf kann.

MICHAEL Ihn.

VERA Alex, Herrgott.

MICHAEL Wer zum Teufel ist Alex.

VERA Alex Horn. Chantals Sohn.

MICHAEL Und warum soll ich das mit ihm besprechen.

VERA Weil er Rebekka betreut, natürlich.

MICHAEL Ich dachte, Alex sei ein Mädchen.

VERA Alex Horn. Ein Mädchen.

MICHAEL Ich weiß, dass Alex Horn kein Mädchen ist, ich dachte, Alex, die Rebekka betreut, sei ein Mädchen.

VERA Was für ein Mädchen.

MICHAEL Was weiß ich, ein Mädchen wie Maria.

VERA Alex ist ein Mann.

MICHAEL Das ist natürlich ganz ausgeschlossen.

VERA Dass er ein Mann ist.

MICHAEL Diesem Kerl meine Tochter ein ganzes Wochenende zu überlassen, das ist ausgeschlossen.

VERA Alex ist neunzehn und sehr zuverlässig.

MICHAEL Neunzehn und zuverlässig, das schließt sich gegenseitig aus.

VERA Und Maria. Sie ist keine siebzehn.

MICHAEL Aber sie ist kein Mann.

VERA Soll das heißen, dass nur Frauen Kinder betreuen –

MICHAEL Das soll nur heißen, dass ich Rebekka unter keinen Umständen einem mir nicht näher bekannten Burschen überlassen werde.

VERA Das ist kein Bursche.

MICHAEL Ein neunzehnjähriges männliches Wesen nennt man in meiner Sprache Bursche.

VERA Und es schadet nicht, wenn unsere Tochter ein männliches Wesen als Bezugsperson –

MICHAEL Sie hat eine männliche Bezugsperson.

VERA Die leider kaum da ist.

MICHAEL Also, das ist. War das, war diese ganze, diese Scheiße, war das vielleicht etwa meine Idee.

VERA Nur, weil du ausgezogen –

MICHAEL Ausgezogen. Ich bin nicht ausgezogen –

VERA – bist du von deinen väterlichen Pflichten nicht –

MICHAEL – du hast mich rausgeschmissen –

VERA Ich habe keine Zeit –

MICHAEL Auf die Straße gestellt. An einem Montagmorgen –

VERA – um mit meinem Ex-Mann –

MICHAEL Noch sind wir nicht geschieden, Vera –

VERA – um mit meinem zukünftigen Ex-Mann –

MICHAEL Du willst das also bis zum bitteren Ende –

VERA Für mich ist es ein Anfang.

MICHAEL Ach, das alte Lied. Nach acht Jahren im Kerker der Ehe die Freiheit erkämpft.

VERA Es tut mir leid, dass du nicht weiter bist.

MICHAEL Ich bin nicht zu feige, unsere gescheiterte Ehe als Tiefpunkt in meinem Leben –

VERA Stopp. Du jammerst.

MICHAEL Ich jammere nicht.

VERA Tiefpunkt in meinem Leben. Das ist Gejammer.

MICHAEL Du hast bloß Angst vor meinen Gefühlen.

VERA Ich habe Angst vor deinem Gejammer.

MICHAEL Wir haben eine sachliche Differenz in einer Erziehungsfrage. Können wir uns darauf einigen.

VERA Ganz und gar nicht. Wir haben eine Differenz zwischen deiner notorischen Unfähigkeit, deine vertraglich festgehaltenen Betreuungspflichten wahrzunehmen, und meiner hirnverbrannten Naivität, zu glauben, du würdest dich vielleicht ein einziges Mal für einen Freundschaftsdienst bedanken.

MICHAEL Freundschaftsdienst.

VERA Ich habe dir einen Babysitter organisiert.

MICHAEL Erstens hast du nicht mir, sondern deiner Tochter einen Babysitter organisiert, für die du im Übrigen immer noch die Verantwortung trägst, auch wenn du das in deinem neuen, befreiten Leben allmählich zu vergessen scheinst –

VERA Das muss ich mir –

MICHAEL – denn sonst würdest du wohl kaum auf die hirnverbrannte Idee kommen, einem Spätpubertierenden aus der Nachbarschaft –

VERA Du kennst ihn nicht einmal.

MICHAEL Ich kenne die Nöte der männlichen Jugend, denn im Gegensatz zu dir habe ich sie selbst erlebt.

VERA Alex ist reif, offen, zuverlässig. Und er mag Kinder.

Auf Julias Geburtstagsfeier hat er sich um die Sirupbar ge-
kümmert.

MICHAEL Toll.

VERA Und die Luftballongirlanden aufgehängt.

MICHAEL Wirklich ein ausgesprochen reifes Verhalten.

VERA Ich hielt dich für aufgeschlossener.

MICHAEL Siehst du nicht, in welcher Phase Rebekka ist. Sie
flirtet. Sie entdeckt ihre Wirkung auf Männer.

VERA Was ist falsch daran.

MICHAEL Das muss ich doch nicht erklären.

VERA Doch, das musst du erklären.

MICHAEL Er könnte es als Aufforderung verstehen.

VERA Aufforderung zu was.

MICHAEL Herrgott, soll ich es dir buchstabieren.

VERA Alex ist sich der Grenzen bewusst.

MICHAEL Wie willst du das wissen. Ist er dein Patient.

VERA Nein, ist er nicht. Und er ist auch nicht der Patient ir-
gendeines anderen Psychiaters. Ein vollkommen normaler,
gesunder, junger Mann.

MICHAEL Er hat seinen Vater verloren.

VERA Das willst du ihm nicht ernsthaft zum Vorwurf machen.

MICHAEL Wer weiß, was dieser Todesfall in ihm –

VERA Er war seiner Mutter in dieser Zeit eine große Stütze.

MICHAEL Vielleicht steht das ja in einem Zusammenhang.

VERA In was für einem Zusammenhang.

MICHAEL Dass er die Nähe zu kleinen Kindern sucht.

VERA Das ist doch paranoid.

MICHAEL Ich versuche, verantwortungsvoll zu sein –

VERA Braver Papa.

MICHAEL – und du nennst mich paranoid. Jedenfalls ist es
seltsam, dass er sich für kleine Mädchen interessiert.

VERA Ja, das verstehe ich, dass das für dich seltsam ist.

MICHAEL Ich habe mich immer um meine Tochter geküm-
mert, oder willst du das bestreiten.

VERA Ich bestreite gar nichts.

MICHAEL Wenn er einigermaßen gesund entwickelt wäre –

VERA Er ist gesund entwickelt.

MICHAEL – dann würde er sich für anderes interessieren.

VERA Zum Beispiel.

MICHAEL Was weiß ich. Motorräder, Alkohol, laute Musik.

VERA Mit neunzehn hast du dich weder für Motorräder, noch für Alkohol oder laute Musik –

MICHAEL Ja, weil ich ein Mann des Geistes bin –

VERA – das war für dich nur Zeitverschwendung –

MICHAEL – ein Intellektueller.

VERA Und wenn Alex auch ein Mann des Geistes –

MICHAEL Mit neunzehn. Mit neunzehn onaniert man täglich sechs Mal. Und dazwischen hat man Selbstmordgedanken.

VERA Er ist Künstler.

MICHAEL Künstler. Ich ersterbe vor Ehrfurcht.

VERA In ein paar Wochen beginnt er die Filmschule. In New York.

MICHAEL Jetzt erzählst du mir gleich –

VERA Die nehmen nicht jeden.

MICHAEL – dass er Rebekka filmen will.

VERA Ja, sie werden einen Film drehen.

MICHAEL Das ist nicht dein –

VERA Rebekka freut –

MICHAEL Das kann einfach unmöglich dein Ernst –

VERA Sie freut sich sehr darauf.

MICHAEL Was ist in dich gefahren. Nicht nur, dass du unsere Tochter diesem Kerl überlassen willst, du lässt es auch zu, dass er sie dabei filmt.

VERA Wobei filmt.

MICHAEL Ja, was weiß ich, wobei. Jedenfalls sehe ich meine Tochter in irgendeinem perversen Film.

VERA Der einzige perverse Film ist in deinem Kopf. Aber gut. Wenn du ihn nicht willst, dann such jemand anders.

MICHAEL Wen. Wen soll ich nehmen.

VERA Das liegt bei dir.

MICHAEL Woher soll ich in dieser kurzen Zeit einen Ersatz nehmen.

VERA Wie gesagt, das ist dein Problem.

MICHAEL Was ist mit deiner Mutter.

VERA Michael. Das hatten wir doch.

MICHAEL Es ist ein Notfall.

VERA Ist es nicht, und du wirst sie nicht fragen.

MICHAEL Du könntest Hand für eine gemeinsame Lösung –

VERA Das habe ich weiß Gott versucht.

MICHAEL Du fährst schließlich auch weg.

VERA Es ist dein Wochenende mit Rebekka.

MICHAEL Ich möchte dich bitten, Malaga zu verschieben.

VERA Kommt überhaupt nicht in Frage.

MICHAEL Vera. Lass uns bitte vernünftig sein.

VERA Du bist gerade sehr unvernünftig, vollkommen irrational.

MICHAEL Du weißt, wie wichtig dieser Kongress, wie wichtig Innsbruck für mich ist, mein künstliches Innenohr –

VERA Und.

MICHAEL Ich muss sicher sein, dass zu Hause alles in Ordnung ist.

VERA Dann ruf an. Sprich mit ihr. Überzeuge dich.

MICHAEL Das wird mich nicht –

VERA Nimm sie mit.

MICHAEL Nach Innsbruck. Bist du vollkommen verrückt geworden. Hast du vergessen, wohin ich fahre.

VERA Zu einem weiteren Ohrenkongress.

MICHAEL Das ist der größte Ohrenkongress der Welt, und ich habe die Möglichkeit, den führenden Experten mein künstliches Innenohr zu präsentieren. Das ist ja wohl wichtiger, als irgendein beliebiges Kunstwochenende.

VERA Das hast nicht du zu beurteilen.

MICHAEL Dann ist das also dein letztes –

VERA Ich werde nach Malaga fahren.

MICHAEL Dann ist es besser, wenn Rebekka alleine bleibt.

VERA Alleine.

MICHAEL Wir füllen den Kühlschrank, und sie kann jederzeit anrufen.

VERA Mach dich nicht lächerlich.

MICHAEL Alleine ist sie sicherer als mit diesem –

VERA Das wird mir jetzt langsam zu dumm.

MICHAEL Fährst du eigentlich alleine.

VERA Wie.

MICHAEL Nach Malaga. Fährst du alleine.

VERA Ach so, daher –

MICHAEL Eine einfache Frage.

VERA Daher weht der Wind. Du suchst bloß einen Vorwand, um mich zu hindern –

MICHAEL Kommt er mit.

VERA – aber das werde ich nicht zulassen.

MICHAEL Er kommt also mit.

VERA Er heißt Paul, und ja, Paul und ich fahren gemeinsam nach Malaga.

MICHAEL Das ist so, ich weiß nicht, was ich dazu sagen soll, das ist so rücksichtlos egoistisch –

VERA Es interessiert hier niemanden, wie du das findest.

MICHAEL Du verschiebst das.

VERA Niemals.

MICHAEL Ich muss nach Innsbruck, geht das nicht in deinen verdammten Schädel.

VERA Es ist besser, wenn du jetzt gehst.

MICHAEL Du verschiebst Malaga, und ich übernehme Rebekka zwei zusätzliche Wochen.

VERA Du hast nicht einmal Zeit, ein Wochenende mit deiner Tochter zu verbringen.

MICHAEL Soll ich dir sagen, warum ich keine Zeit habe. Weil ich arbeiten muss. Weil ich Geld verdienen muss.

VERA Das müssen andere auch.

MICHAEL Weißt du, was mich diese Scheiße schon gekostet hat, Wohnung, Anwälte –

VERA Wir sind übereinkommen –

MICHAEL Wir sind nicht übereingekommen –

VERA – dass diese Trennung für uns –

MICHAEL – durchgedrückt hast du es –

VERA – für uns das Beste ist.

MICHAEL Für uns. Für dich ist es das Beste.

VERA Mit uns meinte ich Rebekka und mich.

MICHAEL Jetzt plantscht sie in euren Harmoniewellen.

VERA Er hat tatsächlich kein Problem mit Harmonie.

MICHAEL Wer hat ein Problem mit Harmonie.

VERA Du hast ein ziemlich ausgedehntes Problem mit Harmonie.

MICHAEL Schläft er eigentlich hier.

VERA Natürlich schläft er hier. Soll er Rebekka die Nacht über alleine lassen.

MICHAEL Ich meinte, ob der neue Paul hier schläft.

VERA Hin und wieder.

MICHAEL In unserem Bett.

VERA Wo sonst.

MICHAEL Von mir aus auf dem Fußboden oder in der Badewanne. Oder im Keller. Aber jedenfalls nicht in unserem Bett.

VERA Es ist nicht mehr dein Bett, Michael, begreife es endlich, es ist nicht mehr deine Wohnung, ich bin nicht mehr deine Frau.

MICHAEL Wir haben Rebekka in diesem Bett gemacht.

VERA Lass das doch.

MICHAEL Wo dein Paul seinen Hintern reibt, haben wir unsere Tochter gezeugt.

VERA Das ist sentimental.

MICHAEL Ist es nicht.

VERA Und zudem nicht sicher.

MICHAEL Was ist nicht sicher.

VERA Wo wir Rebekka. Was ist jetzt.

MICHAEL Ich muss mich setzen.

VERA Ist dir nicht gut.

MICHAEL Ich kann so nicht leben. Ich ersticke. Warum können wir nicht wie normale Menschen –

VERA Bleiben wir bitte sachlich –

MICHAEL Warum muss ich mit der Mutter meiner Tochter reden wie mit einem Kriegsgegner. Ich kann nicht jedes verdammte Wort auf die Goldwaage legen, verstehst du, ich brauche Vertrauen.

VERA Du vertraust nicht.

MICHAEL Fünfzehn verdammte Jahre habe ich in dieses Implantat gesteckt. Ich habe kein Geld mehr, und die Bank will die Kredite zurück, das muss doch ein Mensch verstehen.

VERA Und du musst auch verstehen, dass ich nicht weiter für dein organisatorisches Schlamassel –

MICHAEL Was kann ich dafür, wenn Maria –

VERA Es ist dein Wochenende, Michael, wann begreifst du das endlich.

MICHAEL Wir hätten Maria längst eine Gehaltserhöhung –

VERA Sie bekommt das übliche.

MICHAEL Den üblichen Hungerlohn. Kein Wunder, sagt sie wegen jeder Kleinigkeit ab.

VERA Sie hat die Grippe.

MICHAEL Nur noch dieses Wochenende, Vera, ich bitte dich.

VERA Du musst das anders lösen.

MICHAEL Gut. Lassen wir das. Ich scheiß drauf.

VERA Was soll das heißen.

MICHAEL Scheiß auf das Innenohr, scheiß auf den Kongress, scheiß auf den Bankkredit, scheiß auf Ich-versuche-ein-verantwortungsvoller-Vater zu sein. Scheiß drauf. Scheiß auf das Ganze.

VERA Heißt das, du willst das gemeinsame Sorgerecht –

MICHAEL Scheiß drauf. Ich habe versucht, ein guter Vater zu sein. Ich habe versucht, meine Verantwortung wahrzunehmen. Ich habe versucht, dir klarzumachen, dass es ein zu großes Risiko ist, Rebekka mit diesem, diesem Kerl ein ganzes Wochenende alleine zu lassen. Scheiß drauf. Du behandelst mich, als sei ich irgendein reaktionäres Dreckschwein –

VERA Das habe ich nicht gesa-

MICHAEL – ein reaktionäres Scheißdreckschwein mit irgendwelchen verqueren Ansichten. Liest du hin und wieder die Zeitung. Junge Männer werden sechsmal häufiger straffällig als Mädchen im selben Alter. Sie begehen zwölfmal mehr Gewalttaten. Die Selbstmordgefahr für Männer mit zwanzig ist, rein statistisch, doppelt so groß. Sie nehmen dreimal häufiger Drogen. Aber weißt du was. Darum geht es mir gar nicht. Ich äußere meine Sorge um unsere einzige Tochter, und alles, was ich von dir bekomme, sind Beschuldigungen, als würde es mich irgendeinen Scheißdreck kümmern, mit wem du in Südspanien rumbumst.

VERA War es das.

MICHAEL Ja, fürs Erste war es das.

VERA Also, erstens mache ich mir tatsächlich Sorgen.

MICHAEL Ach.

VERA Aber ich lasse mich nicht davon beherrschen. Gefühle sind nicht notwendigerweise ein Abbild –

MICHAEL Nicht Gefühle, Statistiken –

VERA – ein Abbild der Wirklichkeit, und wie sieht denn diese Wirklichkeit aus. Erstens kenne ich diesen Jungen, ich kenne ihn von klein auf. Ich kenne seine Familie, ich habe niemals von irgendetwas gehört, das mich beunruhigen müsste. Keine Diebstähle, keine Gewalttaten, nichts. Ein normaler, gesunder Junge, ohne Auffälligkeiten, keine Ausschläge, weder nach unten, noch nach oben. Ziemlich durchschnittlich, und ich meine das nicht abwertend. Aber ich gebe dir recht. Niemand kann in die Seele eines Menschen blicken, auch ich nicht. Auch Alex hat seine verborgenen Seiten, und wenn ich nur mein Urteil hätte, dann würde ich ihm Rebekka nicht anvertrauen. Aber es gibt da noch seine Mutter. Falls Chantal Bedenken hätte, ihr Sohn könnte dieser Aufgabe nicht gewachsen sein, dann würde sie mit mir darüber reden. Hat sie aber nicht. Ganz im Gegenteil, sie war es sogar, die mir diesen Vorschlag machte.

MICHAEL Sie.

Vera Ich hätte mich nicht getraut, Alex zu fragen.

Michael Du hättest dich nicht getraut. Darf ich das noch mal haben.

Vera Ich hätte mich nicht getraut, weil ich nicht sehr gut darin bin, jemanden um einen Gefallen zu bitten. Ganz besonders, wenn es um so etwas radikal Egoistisches geht, wie ein Wochenende in Malaga.

Michael Du gibst es also zu.

Vera Es geht um mein Leben, um mein Vergnügen, um meine Entspannung, und ich weiß, dass ich verdammt noch mal ein Recht darauf habe, aber glaube nur nicht, dass ich deswegen keine Gewissenbisse habe. Und deshalb ist es so, wie soll ich sagen, so niederträchtig –

Michael Niederträchtig –

Vera – wie du meine Schwäche ausnutzt, um mir Schuldgefühle zu machen, nur weil du dir selbst Vorwürfe machst –

Michael Mache ich mir nicht –

Vera – weil du genau weißt, dass wir eine Vereinbarung haben, an die du dich ein weiteres Mal nicht halten kannst, aus einem Grund, der für dich von weltbewegender Wichtigkeit ist, wie ja alles, aber auch alles in deinem Leben eine Monumentalität besitzt, eine unaufschiebbare Dringlichkeit –

Michael Verlangst du von mir, einen internationalen Kongress zu verschieben –

Vera – als wären das alles Naturereignisse, denen du ausgesetzt bist, eine wirklich ganz subtile Mischung aus Minderwertigkeitsgefühlen und Größenwahn, und ich werde nicht dulden, nicht länger dulden, dass du mein Leben vergiftest und Rebekka und mich daran hinderst, unsere Erfahrungen zu machen, unser Leben zu leben. Wo willst du jetzt hin.

VERA Wann fliegst du.

ALEX Am achten.

VERA Deine letzten Wochen in der Heimat.

ALEX So siehts aus.

VERA Aufgeregt.

ALEX Warum.

VERA New York, die Filmschule, ein neues Leben, weit weg von zu Hause.

ALEX Alles nicht so wild.

VERA Du siehst müde aus.

ALEX Es ist gestern ein bisschen spät geworden.

VERA Michaels Zug geht um elf. Es wäre gut, wenn du Rebekka um zwölf aus der Schule holst.

ALEX Um zwölf.

VERA Schaffst du das.

ALEX Ich denke schon.

VERA Sie mag es nicht, wenn man im Schulhaus wartet. Sie schämt sich. Bleib also besser auf dem Hof.

ALEX Geht in Ordnung.

VERA Nichts Persönliches.

ALEX Klar.

VERA Ich lasse Geld da, dann könnt ihr mittags zum Chinesen.

ALEX Yup.

VERA Allerdings – was esst ihr abends.

ALEX Was mag sie.

VERA Nudeln, Nudeln, Nudeln.

ALEX Geht klar.

VERA Soße ist im Kühler.

ALEX Perfekt.

VERA Alex. Du schaffst das doch, oder.

ALEX Nudeln mit Soße. Yup, sollte ich gerade so hinkriegen.

VERA Ich meine das Wochenende mit Rebekka.

ALEX Aha. Klar, schaffe ich, eindeutig.

VERA Rebekka freut sich sehr auf dich.

ALEX Klar.

VERA Sie redet nur noch über euren Film.

ALEX Ja, filmen ist irre, einfach irre.

VERA Ihr geht nicht an den See. Sie schwimmt nicht besonders gut.

ALEX Keine Sorge. Man nennt mich auch Alex, den Biber.

VERA Den Biber.

ALEX Und das liegt nicht an den Zähnen.

VERA Ihr geht jedenfalls nicht an den See.

ALEX Wir haben ohnehin keine Zeit. Freitagnachmittag schreiben wir das Buch.

VERA Ihr wolltet doch filmen.

ALEX Was braucht man für einen guten Film, Mister Hitchcock. A good book, a good book, and a good book.

VERA Wie gehts eigentlich Chantal.

ALEX Ehrlich oder Floskel.

VERA Ehrlich.

ALEX Ich glaube, sie stirbt noch. An Langeweile.

VERA Sie hat ewig nicht angerufen.

ALEX Sie ruft keinen an.

VERA Und dann ist Samstag.

ALEX Wir gehen jetzt das ganze Wochenende durch, stimmts.

VERA Stört dich das.

ALEX Stört mich nicht.

VERA Nicht Minute für Minute.

ALEX Klar.

VERA Also Samstag.

ALEX Samstag drehen wir. Ohne Gnade.

VERA Den ganzen Tag.

ALEX Ich rechne mit acht, neun Stunden.

VERA Neun Stunden.

ALEX Bis wir das Ding im Kasten haben.

VERA Neun Stunden hält Rebekka nicht durch.

ALEX Nicht.

VERA Sie ist sieben, Alex.

ALEX Unvorstellbar.

VERA Wie.

ALEX Dass sie erst sieben ist. Sie hat ja so etwas.

VERA Ja.

ALEX Jedenfalls wirkt sie nicht wie sieben.

VERA Chantals Kanzlei läuft doch blendend, was man so hört.

ALEX Sie scheffelt Geld wie Heu.

VERA Sie wird dich vermissen.

ALEX Glaube ich nicht. Sie hat ja ihn.

VERA Sie hat einen Freund.

ALEX Einen ganz besonderen, himmlischen Freund –

VERA Du meinst –

ALEX Sie spricht mit ihm. Wenn sie putzt. Oder beim Zwiebelschneiden. Oder im Bad. Ist das –

VERA Wie.

ALEX Du hast doch mit solchen Leuten zu tun.

VERA Mit was für Leuten.

ALEX Das ist doch nicht krank, wenn man mit Toten spricht.

VERA Das machen viele, denen jemand –

ALEX Wie lange hält sie durch.

VERA Meistens muss ein Jahr vergehen, bevor man ein neues Leben beginnen kann.

ALEX Ich meine Rebekka.

VERA Zwei, drei Stunden. Höchstens.

ALEX Autsch.

VERA Nimm dir nicht zu viel vor. Erlebnis vor Ergebnis.

ALEX Wenns was wird, dürfen wir den Film an der Kurzfilmnacht zeigen. Der Typ, der das organisiert, hat es mir zugesagt.

VERA So.

ALEX Da kommen ziemlich wichtige Leute, Produzenten und die Typen vom Fernsehen.

VERA Wir werden sehen.

ALEX Machst du das auch.

VERA Was.

ALEX Sprichst du auch mit den Toten.

VERA Ich. Nein. Ich habe niemanden, der dafür in Frage kommt.

ALEX Ich meine, es ist mir egal, sie kann reden, mit wem sie will –

VERA Natürlich –

ALEX Es ist so, wie wenn sie aufm Klo sitzt, und ich höre, wies plumpst, ich meine, dass sie kacken muss, gegessen, aber ich muss da ja nicht mit –

VERA Sprich mit ihr.

ALEX Tja, das ist schwierig.

VERA Wie.

ALEX Ich habs versucht. Sie streitet es ab.

VERA Wie.

ALEX Sie sitzt im Sessel, quatscht mit Papa, ich spreche sie darauf an –

VERA Und was sagt sie.

ALEX Sie weiß nicht, wovon ich rede.

VERA Schläft sie.

ALEX Ich weiß nur nicht, ob sie es abstreitet, weil es ihr peinlich ist, oder weil sie es tatsächlich nicht mitkriegt.

VERA Aber sie schläft doch. In der Nacht.

ALEX Keine Ahnung. Ist das beunruhigend.

VERA Du bist beunruhigt.

ALEX Sie haben nie miteinander geredet, und kaum ist er unter der Erde, geht die Plauderei los.

VERA Ich geb dir was mit.

ALEX Wie.

VERA Damit sie schläft. Das ist das Wichtigste.

ALEX Sie hasst Medikamente.

VERA Die sind nicht stark. Ich nehme die auch.

ALEX Du kannst auch nicht schlafen.

VERA Es war in der letzten Zeit nicht immer einfach.

ALEX Hat sie was zum Anziehen.

VERA Für die Kurzfilmnacht.

ALEX Für den Dreh. Ein Kostüm. Irgendetwas, ich weiß nicht, etwas Besonderes.

VERA Das rosarote Tüllkleid vielleicht.

ALEX Eine Fee, eine kleine, gemeine Fee in rosa.

VERA New York ist toll. Jedenfalls war es toll. Vor fünfzehn Jahren.

ALEX Du warst lange da.

VERA Ein paar Wochen. Nach dem Studium.

ALEX Alleine.

VERA Die erste Zeit, ja. Was ist.

ALEX Du und New York, versteh mich, aber das bringe ich irgendwie nicht zusammen. Du bist doch eher der Paris-Typ.

VERA Wie ist der Paris-Typ.

ALEX Oder Florenz.

VERA Ich war oft im CBGB's, aber das gibt es nicht mehr.

ALEX Hey, wir brauchen deine Schuhe.

VERA Welche Schuhe.

ALEX Die da. An deinen Füßen.

VERA Die. Für Rebekka.

ALEX Eine rosarote Fee stöckelt durchs Universum, in der Hand den Stab der Verdammnis –

VERA Die wollte ich eigentlich mitnehmen.

ALEX Dann ein anderes Paar.

VERA Ich hatte ein Paar kirschrote. Mit Strass.

ALEX Mit Absatz.

VERA Halsbrecherische Absätze.

ALEX Das möchte ich sehen. Du in roten Pumps.

VERA Unterschätz mich nicht.

ALEX Jedenfalls sind sie genehmigt.

VERA Ich habe die Schuhe längst weggegeben.

ALEX Schande.

VERA Alex, hör zu.

ALEX Ich werde was anderes finden, keine Sorge.

VERA Wir müssen das noch einmal –

ALEX Wir können mit Künstlernamen arbeiten.

VERA Mit Künstlernamen.

ALEX Wenn du nicht mit dem Film in Verbindung gebracht werden willst. Ginger Lily, oder so.

VERA Ginger Lily. Ich bitte dich.

ALEX Du willst keine böse Fee, stimmts.

VERA Das ist es nicht.

ALEX Sie hat ja so was, ich meine, man könnte denken, sie ist ein kleiner Engel.

VERA Rebekka ist ein kleiner Engel.

ALEX Ja, aber nach einer Weile entdeckt man ihr zweites Gesicht.

VERA Was für ein zweites Gesicht.

ALEX Nur in der Geschichte natürlich.

VERA Dränge sie bitte in keine Rolle.

ALEX Ich dachte, ich solle mit Rebekka einen Film drehen.

VERA Aber ja.

ALEX Muss nicht sein. Ich kann auch was mit Klopapierrollen –

VERA So war es nicht gemeint.

ALEX Ich machs richtig, oder ich machs gar nicht.

VERA Sie soll sich einfach gut fühlen dabei.

ALEX Madeira hast du gesagt.

VERA Malaga.

ALEX Für zwei Tage.

VERA Zwei Nächte, drei Tage.

ALEX Nicht gerade üppig.

VERA Für mich sind das wie zwei Monate.

ALEX Was machst du dort.

VERA Ich sehe mir die Kirchen an.

ALEX Werd mir nur nicht auch noch fromm.

VERA Das ist nicht meine Absicht.

ALEX Da kommt manchmal so ein Typ, von irgendeiner Kirche.

VERA Zu Chantal.

ALEX Ich glaube, die beten zusammen.

VERA Manchen Menschen reicht dieses Leben nicht, sie sehnen sich nach Tiefe.

ALEX Du solltest die Flugblätter sehen, die er dalässt. Darauf fallen nur Idioten herein. Papa hätte einen solchen Kerl nicht über die Schwelle gelassen.

VERA Um neun ist Lichterlöschen. Sie braucht ihren Schlaf. Lies ihr noch was vor. Wir haben gerade mit Pippi angefangen. Liegt auf der Kommode.

ALEX Klar.

VERA Ach.

ALEX Was ist.

VERA Was Dummes. Da gibts diesen Vater, bei Pippi, und von ihm heißt es, er sei Negerkönig geworden.

ALEX Negerkönig.

VERA Ich habe das geändert.

ALEX Du hast Pippi Langstrumpf zensiert.

VERA Die Übersetzung ist veraltet. Im Original heißt das bestimmt anders.

ALEX Neger sage ich ohnehin nicht.

VERA Das meine ich. Sagt heute keiner mehr.

ALEX Ich sage Nigger.

VERA Alex.

ALEX Ja.

VERA Bitte.

ALEX Das ist kein Schimpfwort. Die Nigger nennen sich heutzutage selbst Nigger.

VERA Das steht außerhalb jeder Diskussion. König der Afrikaner.

ALEX Ich nenne den Negerkönig also König der Afrikaner.

VERA Genau.

ALEX Sag mal, es ist doch in Ordnung, wenn mich Samstagabend jemand hier besucht.

VERA Wer.

ALEX Ein Freund. Tim heißt er.

VERA Also, ich weiß nicht –

ALEX Er ist in Ordnung, ehrlich.

VERA Kannst du das nicht verschieben –

ALEX Ich reise bald ab und –

VERA Meinetwegen. Aber spätestens um Mitternacht ist er weg.

ALEX Geht klar. Also. Ich geh dann mal los. Ich muss ins Bett, ich hab da eine ziemlich fette männliche Katze im Kopf.

VERA Alex. Kein Alkohol. Und das gilt fürs ganze Wochenende.

ALEX Also.

VERA Hast du mich verstanden.

ALEX Wir wollten uns ein paar Filme anschauen –

VERA Dagegen habe ich nichts.

ALEX Und da trinken wir halt gerne ein Bierchen –

VERA Kommt nicht in Frage.

ALEX Rebekka ist da doch schon längst im Bett.

VERA Ich glaube, du nimmst das nicht ernst genug.

ALEX Wir besaufen uns nicht –

VERA Ich gebe dir die Verantwortung für das Wohl meiner Tochter, junger Mann.

ALEX Ich habs begriffen.

VERA Ich will nicht, dass dein Freund –

ALEX Wir trinken nicht –

VERA Nein, Alex, ich fürchte, dass du nicht nein sagen wirst, und das ist mir ein zu großes –

ALEX Ich kann nein sagen –

VERA Wahrscheinlich ist es besser, wenn wir die ganze Sache abblasen.

ALEX Du fährst nicht nach Malaga.

VERA Selbstverständlich fahre ich nach Malaga. Michael wird sich um Rebekka kümmern.

ALEX Ich hätte Pizzen ausfahren können. Habe ich deinetwegen abgesagt.

VERA Wie gesagt, es ist nicht mehr mein Problem. Michael soll entscheiden, ob er dich einstellt.

ALEX Und wenn er nein sagt.

VERA Dann hast du ein freies Wochenende.

ALEX Und dann fehlt mir die Kohle. New York ist nicht billig.

VERA Dann wirst du dich ein bisschen anstrengen müssen.

ALEX Vera. Ich habe fest mit diesen dreihundert gerechnet.

VERA Die Hälfte kriegst du, egal, was er findet.

ALEX Sagen wir zweihundert.

VERA Hundertfünfzig.

ALEX Vera.

VERA Oder gar nichts.

ALEX Du warst im CBGB'S.

VERA Sage ich doch.

ALEX In dem CBGB's.

VERA Es gab nur das eine.

ALEX In der Bowery.

VERA Natürlich.

ALEX Da spielten die Punkbands.

VERA Und.

ALEX Erzähl mir nicht, dass du Punk magst.

VERA Ich mochte die Atmosphäre.

MICHAEL Hör zu. Diese Sache ich für mich mindestens so unangenehm wie für dich.

ALEX Warum sollte es mir unangenehm sein.

MICHAEL Lass uns die Sache nüchtern angehen. Von Mann zu Mann.

ALEX Wie sollte man sie sonst angehen.

MICHAEL Guter Punkt.

ALEX Sie wollen wissen, wer sich um Rebekka kümmert.

MICHAEL Lass das Sie. Ich bin Michael.

ALEX Ich würde es jedenfalls genauso machen.

MICHAEL Du würdest dir misstrauen.

ALEX Ich möchte wissen, was das für ein Kerl ist.

MICHAEL Und. Was ist es für ein Kerl.

ALEX Willst du eine Selbstbeschreibung.

MICHAEL Warum nicht. Es wäre ein Anfang.

ALEX Ich bin neunzehn. Ich lebe mit meiner Mutter. Mein Vater ist vor ein paar Monaten gestorben.

MICHAEL Vera hat es mir erzählt. Das tut mir leid. Mein Vater ist auch nicht viel länger tot. Aber das ist natürlich was anderes.

ALEX Warum ist das was anderes.

MICHAEL Nun, ich bin älter als du.

ALEX Und in jungen Jahren verkraftet man einen Todesfall schlechter.

MICHAEL Weiß ich nicht. Sag du es mir.

ALEX Es hat mich nicht umgehauen, wenn du das meinst.

MICHAEL Und was haut dich um.

ALEX Mich. Wenig.

MICHAEL Zum Beispiel.

ALEX Menschen jedenfalls nicht.

MICHAEL Was denn.

ALEX Lichtstimmungen.

MICHAEL Lichtstimmungen hauen dich um.

ALEX Sie bewegen mich.

MICHAEL Und weiter.

ALEX Ich bin Künstler.

MICHAEL Künstler.

ALEX Filmer. Ist nicht immer einfach.

MICHAEL Das Leiden an der Existenz, die Tiefe der Empfindungen, gewisse Lichtstimmungen.

ALEX Das ist nicht komisch.

MICHAEL Keineswegs.

ALEX Vor mir liegt ein steiniger Weg.

MICHAEL Wenn man es weiß, kann man sich darauf vorbereiten.

ALEX Diese Zeit hat keinen Bedarf an Visionen.

MICHAEL Erzähl.

ALEX Was soll ich erzählen.

MICHAEL Von deiner Vision.

ALEX Das lässt sich nicht in Worte fassen. Höchstens in Bilder.

MICHAEL Ich ging früher oft ins Kino.

ALEX Klar, aber Kino bringts nicht.

MICHAEL Wie.

ALEX Ich schaue mir die Filme zu Hause an. Ich will die Szenen analysieren, zurückspulen können, hinter die Découpage kommen.

MICHAEL Hinter die was.

ALEX Wie der Film geschnitten ist.

MICHAEL Du siehst das ziemlich analytisch.

ALEX Wenn du meinst.

MICHAEL Aber dir fehlt das Erlebnis. Die Spannung, wenns dunkel wird. Der Ärger über die Werbung.

ALEX Ich schau mir die Filme ja nicht zum Vergnügen an. Ich will lernen, hinter die Tricks kommen.

MICHAEL Klingt anstrengend.

ALEX Allerdings.

31

MICHAEL Aber das Filmen macht dir Spaß.

ALEX Ganz und gar nicht.

MICHAEL Und du tust es trotzdem.

ALEX Kennst du das nicht. Dass du etwas tun musst, obwohl es dich nicht essen, nicht schlafen lässt und über dir hängt wie eine große, schwarze Wolke.

MICHAEL Über dir hängt eine große, schwarze Wolke. Prima.

ALEX Nicht, wenn ich mit einer Arbeit fertig bin.

MICHAEL Na, Gott sei Dank.

ALEX Aber das halte ich nicht lange aus.

MICHAEL Du brauchst deine Wolke.

ALEX Ich brauche die totale Versenkung. Die vollkommene Hingabe.

MICHAEL Kann ich mir einen deiner Filme ansehen.

ALEX Das würde dich nicht interessieren.

MICHAEL Wie kannst du das wissen.

ALEX Ich glaube nicht, dass du meine Bildsprache verstehst.

MICHAEL Warum nicht.

ALEX Wie ich dich so einschätze. So als Typ. Du hast kein Organ für so etwas.

MICHAEL Du kennst mich seit ein paar Minuten und weißt schon, welche Körperteile mir fehlen.

ALEX Manche verstehen meine Filme, und manche nicht. Meine Mutter zum Beispiel versteht sie auch nicht.

MICHAEL Und ich dachte schon, ich sei der einzige Vollidiot, der deine Geschichten nicht begreift.

ALEX Welche Geschichten.

MICHAEL In deinen Filmen.

ALEX Habe ich etwas von Geschichten gesagt.

MICHAEL Keine Geschichten.

ALEX Nicht, was du dir darunter vorstellst.

MICHAEL Ich habe mal gelesen, dass sich jeder gute Film in einem einzigen Satz zusammenfassen lässt.

ALEX Hollywoodscheiße. Diese Soße verklebt die Synapsen. Und deshalb sind die Zuschauer verdorben.

MICHAEL Eine gute Geschichte ist für dich also verdorben.

ALEX Jede Geschichte ist eine Lüge.

MICHAEL Für deine neunzehn Jahre weißt du ziemlich Bescheid.

ALEX Ich beklage mich nicht. Es gibt nun einmal eine herrschende Kultur, und es gibt solche, die das Bild der Welt verändern.

MICHAEL Und du gehörst natürlich zur zweiten Sorte.

ALEX Ich mache meine Arbeit. Das ist alles.

MICHAEL Ich mag Billy Wilder. Du.

ALEX Ein Zyniker.

MICHAEL Cassavetes.

ALEX Epigonal.

MICHAEL Cassavetes ist epigonal.

ALEX Alles geklaut. Und zwar bei Kenneth Anger.

MICHAEL Kenn ich nicht.

ALEX Hat nur Kurzfilme gedreht. Ziemlich düstere Sachen, über Okkultismus und so.

MICHAEL Okkultismus.

ALEX Er war Mitglied im Ordo Templi Orientis von Aleister Crowley.

MICHAEL Gruselig.

ALEX Das sind heftige Sachen, kein Happyendzeugs.

MICHAEL Ich erinnere dich daran, dass du dich in einem Vorstellungsgespräch befindest.

ALEX Was soll das heißen.

MICHAEL Du scheinst dir keine Sorgen zu machen, dass ich das seltsam finden könnte.

ALEX Ich werde mich bestimmt nicht verbiegen.

MICHAEL Nein, ich weiß, du bist schließlich Künstler.

ALEX Allerdings.

MICHAEL Und du willst dich um meine Tochter kümmern.

ALEX Ich habe kein Problem damit.

MICHAEL Du scheinst mit nichts ein Problem zu haben.

ALEX Wir haben doch alle unsere Probleme, nicht wahr.

MICHAEL Was soll das heißen.

ALEX Wäre ich hier, wenn du kein Problem hättest.

MICHAEL Das ist rein organisatorisch.

ALEX Umzug und so.

MICHAEL Das ist nur vorübergehend. Vera und ich brauchen etwas Distanz, Luft. Damit wir uns neu begegnen können. Eine Beziehung sollte das aushalten.

ALEX Ich dachte, sie hätte einen Neuen.

MICHAEL Wer hat dir das erzählt.

ALEX Mutter meinte, Vera wolle auf ein Wochenende mit ihrem Neuen verreisen, und du seist nicht bereit, so lange auf Rebekka aufzupassen.

MICHAEL Das ist lächerlich.

ALEX Stimmt es nicht.

MICHAEL Es ist mir einerlei, mit wem und wohin Vera verreist.

ALEX Ich glaube, ihr wäre es lieber, wenn du mich nicht einstellen würdest.

MICHAEL Hat sie das gesagt.

ALEX Sie hat es angedeutet.

MICHAEL Sie stellt dich ein, obwohl sie dir nicht vertraut.

ALEX Sie denkt einfach, Rebekka sei bei dir besser aufgehoben. Sie fährt ohnehin nach Malaga.

MICHAEL Und ich.

ALEX Tja, dann müsstest wohl doch du ran.

MICHAEL Was wird hier eigentlich gespielt. Benimmst du dich absichtlich schlecht, damit ich bei Rebekka bleiben muss.

ALEX Guter Gedanke.

MICHAEL Guter Gedanke.

ALEX Das hätte ich Vera nicht zugetraut. So ein durchtriebenes Stück.

MICHAEL Sprich nicht so von ihr.

ALEX Mich auf diese Weise zu instrumentalisieren.

MICHAEL Dich.

ALEX Liebst du sie.

MICHAEL Was soll das jetzt.

ALEX Vielleicht bist du auch einfach nur paranoid.

MICHAEL Ich bin nicht paranoid.

ALEX Weshalb nimmst du Rebekka nicht mit.

MICHAEL Ich muss arbeiten, mein Freund, und das Kind ist ständig in Bewegung und achtet oft nicht auf ihre Umwelt. Dazu stellt sie pausenlos Fragen, spricht ohne Unterlass. Sie ist sehr fordernd.

ALEX Vielleicht verschiebst du deinen Kongress doch besser.

MICHAEL Was soll das heißen.

ALEX Tut mir leid, Bruder.

MICHAEL Du willst aussteigen.

ALEX So siehts aus.

MICHAEL Ich kann keinen Kongress verschieben, der nur jedes zweite Jahr stattfindet, der größte Kongress der Welt, mit mehreren Tausend Teilnehmern aus allen Erdteilen. Es ist die letzte Möglichkeit für mich, jemanden zu finden, der Geld investiert. Ich habe zwanzig Jahre meines Lebens in diese Sache gesteckt, und ich lasse mir diese Chance bestimmt nicht entgehen.

ALEX Das ist hart.

MICHAEL Was ist hart.

ALEX Dass dir die Sache so kurz vor dem Ziel noch durch die Lappen geht. Zwanzig Jahre. Puh. Und kurz vor dem Ziel entwischt der große Preis. Bloß, weil der Babysitter krank ist. Das ist echt griechisch.

MICHAEL Du hast zugesagt.

ALEX Habe ich das. Kann mich nicht erinnern.

MICHAEL Natürlich hast du zugesagt.

ALEX Und warum bin ich dann hier, wenn die Kiste schon genagelt ist.

MICHAEL Du musst noch viel lernen, junger Mann. Dass man zu seinem Wort steht. Du kannst dich nicht um eine Stelle bewerben, und dann mir nichts, dir nichts den Schwanz einziehen.

ALEX Ja, gut, war doof.

MICHAEL Wo willst du hin.

ALEX Ich muss langsam los.

MICHAEL Du lässt mich also hängen. Du lässt Vera hängen, du lässt Rebekka hängen, deine Mutter lässt du hängen, aber vor allem lässt du die Gehörlosen dieser Welt hängen. Ein paar Millionen Menschen stehen gerade ziemlich angeschmiert da, nur weil ein kleiner Feigling –

ALEX Ich bin kein Feigling.

MICHAEL – nur weil ein kleiner Feigling nicht zu seinem Wort steht. Wenn du mit dieser Verantwortung leben willst, bitte.

ALEX Damit komme ich klar.

MICHAEL Du hast offensichtlich nicht begriffen, worum es hier geht. Mein Zug fährt morgen früh um elf. Ich finde in dieser kurzen Zeit niemanden. Ich finde niemanden. Wieviel hat sie dir angeboten.

ALEX Vera. Fünfhundert.

MICHAEL Fünfhundert. Für ein Wochenende. Das ist verrückt. Aber gut. Ich lege noch was drauf. Sechshundert Mäuse. So gut verdienst du in deinem Leben nicht wieder. Was sagst du. Nicht genug. Wie viel willst du. Ah, ich verstehe. Du willst einen Tausender, stimmts. Ich sehs dir an. Einen schönen, runden Tausender. Weißt du was. Du sollst ihn haben. Du sollst deine drei Nullen haben. Also. Was sagst du. Na. Was sagst du.

MICHAEL Vera.

VERA Ja.

MICHAEL Soll ich dir eine Stulle –

VERA Wie.

MICHAEL Du hast noch nichts gegessen –

VERA Ich kann jetzt nicht.

MICHAEL Ist noch etwas da.

VERA Wurst glaube ich, und Käse.

MICHAEL Also.

VERA Wie.

MICHAEL Wurst oder Käse.

VERA Und du.

MICHAEL Ich, nein, ich habe schon gegessen.

VERA Du hast –

MICHAEL Im Krankenhaus, in dieser Cafeteria da. Was ist.

VERA Du hast gar nichts –

MICHAEL Ich sagte doch, ich würde eine Pause.

VERA Ja, ich wusste nur nicht –

MICHAEL Wie heißt das. Mit dem Knochen in der Mitte. Fürchterlicher Fraß.

VERA Weiß ich jetzt nicht –

MICHAEL Da waren ziemlich viele Leute. Arme, vor allem.

VERA Arme.

MICHAEL Das Essen ist billig. Die schlagen sich da die Bäuche voll, mit Nachtisch und allem. Und wir subventionieren das über die Krankenversicherung.

VERA Vielleicht waren es Angehörige.

MICHAEL Das hätte ich ihnen angesehen. Was war eigentlich mit diesem Arzt.

VERA Was meinst du.

MICHAEL Du kennst ihn.

VERA Ich kenne ihn nicht.

MICHAEL Er nannte dich mit Vornamen.

VERA Er war mit mir auf einer Fortbildung.

MICHAEL Eine einzige Katastrophe.

VERA Er war überfordert.

MICHAEL Nicht die elementarsten Regeln beherrscht er. Nicht einmal in die Augen hat er mir gesehen, kein Händedruck, gar nichts.

VERA Fachlich ist er in Ordnung.

MICHAEL Ich frage mich, ob ausschließlich soziale Krüppel Mediziner –

VERA Das ist doch nicht –

MICHAEL – oder ob dieser Beruf das aus ihnen macht.

VERA Du weißt doch, wie viel die Oberärzte arbeiten.

MICHAEL Oberarzt. Das war ein Oberarzt.

VERA Stand auf seinem Namensschild.

MICHAEL Ich dachte, das sei der Chefarzt.

VERA Dazu ist er zu jung.

MICHAEL Wir werden mit irgendeinem Oberarzt abgespeist, diese verdammten –

VERA Michael.

MICHAEL Wir brauchen den Chefarzt. Mindestens.

VERA Das kann man sich nicht aussuchen.

MICHAEL Das werde ich schon –

VERA Sollten wir nicht dort sein. Bei Rebekka.

MICHAEL Du hast gehört, was sie gesagt haben.

VERA Trotzdem.

MICHAEL Wir brauchen Ruhe.

VERA Und wenn etwas –

MICHAEL Dann rufen sie an, und wir sind in zehn Minuten bei ihr. Kennst du keinen da.

VERA Ich. Nein, ich glaube nicht.

MICHAEL Du musst doch jemanden kennen.

VERA Wirklich nicht.

MICHAEL Was ist mit Kurt.

VERA Kurt. Warum Kurt.

MICHAEL Er arbeitet da.

VERA In der Buchhaltung.

MICHAEL Der kennt bestimmt die richtigen Leute.

VERA Kann ich mir nicht vorstellen –

MICHAEL Du solltest ihn anrufen.

VERA Also, ich weiß nicht, was das bringen –

MICHAEL Hast du sie nicht gesehen. Wie es ihr geht. Sie braucht den Chefarzt.

VERA Kurt kann da nichts ausrichten.

MICHAEL Dann soll er sich ein bisschen anstrengen.

VERA Das bringt ihn bloß in Schwierigkeiten.

MICHAEL Was habe ich damals gekocht.

VERA Wann.

MICHAEL Kurt war doch hier mit seiner, wie hieß sie.

VERA Weiß ich jetzt auch nicht mehr –

MICHAEL Diese Pfarrerin, diese blonde, die war neulich in der Presse.

VERA Sie hat die Pfarre nicht bekommen.

MICHAEL Ich glaube, das war ein Roastbeef.

VERA Kann sein.

MICHAEL Warum hat sie die Pfarre nicht –

VERA Irgendetwas Politisches.

MICHAEL Die war ja furchtbar.

VERA Willst du nicht –

MICHAEL Die waren beide besoffen. Was meinst du.

VERA Willst du nicht ablegen.

MICHAEL Ach so.

VERA Oder wolltest du –

MICHAEL Wie –

VERA Wenn du lieber alleine –

MICHAEL Ich müsste vielleicht ein paar Sachen –

VERA Du meinst –

MICHAEL Rasierzeug und frische Wäsche.

VERA Michael, ich möchte –

MICHAEL Oder ist doch was da –

VERA Versteh mich nicht falsch.

MICHAEL Ich brauche dringend eine Dusche. Ich habe seit Innsbruck nicht –

VERA Wir sollten das jetzt nicht überstürzen.

MICHAEL Du willst es alleine –

VERA Bestimmt nicht, ich meine nur –

MICHAEL Hast du deine Mutter angerufen.

VERA Noch nicht.

MICHAEL Dann tu ich es.

VERA Jetzt.

MICHAEL Sie muss es wissen.

VERA Es ist schon spät.

MICHAEL Das ist doch nebensächlich.

VERA Bitte.

MICHAEL Ich verstehe dich nicht, aber bitte.

VERA Sie wird gleich rüberkommen wollen.

MICHAEL Das wäre keine schlechte Idee.

VERA Ich ertrage sie jetzt nicht, ihre Fragen, ihre Vorwürfe.

MICHAEL Ich werde dich abschirmen.

VERA Wie hieß dieses Hotel.

MICHAEL Welches Hotel.

VERA Mit der riesigen Badewann-

MICHAEL Albergo al Sole in Carnaggio.

VERA War das in Carnaggio.

MICHAEL Ja, das war Carnaggio.

VERA Bist du sicher.

MICHAEL Es war Carnaggio.

VERA Was hat Rebekka da gesagt.

MICHAEL Wie.

VERA In der Badewanne.

MICHAEL Du meinst die Sache mit dem Schaum.

VERA Ja, ja, wie ging das gleich.

MICHAEL Sie hatte da ihre Froschphase –

VERA Jaja.

MICHAEL Und als sie den Schaum sah, meinte sie, wir Menschen würden auch laichen.

VERA Aber was hat sie genau gesagt.

MICHAEL Wie.

VERA Was waren ihre Worte. Sie hatte eine bestimmte Formulierung.

MICHAEL Ist das wichtig.

VERA Wir hätten das aufschreiben sollen.

MICHAEL Wir haben Bilder gemacht.

VERA Wir waren so gleichgültig.

MICHAEL An die wichtigen Dinge werden wir uns erinnern.

VERA Wir haben sie nicht einmal eingeklebt.

MICHAEL Die Bilder.

VERA Sind in irgendeiner Schachtel.

MICHAEL Was ist mit deiner Hand.

VERA Was.

MICHAEL Das Zittern.

VERA Es kommt und geht.

MICHAEL Wie lange hast du das schon.

VERA Weiß nicht. Ich werde gleich was nehmen.

MICHAEL Hast du dich mit irgendetwas angesteckt, in Malaga.

VERA Ich rufe sie morgen an. Das ist früh genug.

MICHAEL Morgen müssen wir zur Polizei.

VERA Ist das für dich ausgemacht.

MICHAEL Willst du, dass er damit davonkommt.

VERA Wir wissen nicht, was passiert ist.

MICHAEL Was passiert ist. Hast du nicht gesehen, was passiert ist.

VERA Ich will zuerst mit Alex reden.

MICHAEL Mit ihm reden. Du wirst nicht mit ihm reden.

VERA Wir können doch nicht –

MICHAEL Das lasse ich nicht zu.

VERA Oh nein.

MICHAEL Was ist.

VERA Ich hab das Clobazam weggeben.

MICHAEL Das Clobazam.

VERA Die Pillen. Ich habe sie weggeben.

MICHAEL Dann besorgst du dir morgen andere.

VERA Ich blöde Kuh.

MICHAEL Ist ja bloß dieses Zittern.

VERA Wie soll ich diese Nacht herumbringen.

MICHAEL Mit schlafen, vielleicht.

VERA Ich kann nicht schlafen.

MICHAEL Vera. Ich bin ja hier.

VERA Michael, ich will nicht, dass du denkst –

MICHAEL Ich bin für dich da. Wir müssen zusammenhalten. Für Rebekka.

VERA Oh Gott. Ich, wenn sie, wenn Rebekka –

MICHAEL Was passiert ist, ist passiert.

VERA Wir verlieren sie doch nicht, Michael, wir verlieren Rebekka doch nicht.

MICHAEL Sie ist ein starkes Mädchen.

VERA Wenn du –

MICHAEL Ich werde dir keine Vorwürfe machen.

VERA Was meinst du –

MICHAEL Ich lasse dir ein Bad ein. Entspann dich. Wir dürfen jetzt denn Kopf nicht verlieren.

VERA Ich möchte alleine –

MICHAEL Ich hole bloß ein paar Sachen. Dann bin ich wieder da. Wir kriegen das schon hin, hörst du mich, wir kriegen das hin.

VERA Ein Pyjama ist noch da.

MICHAEL Ein Pyjama.

VERA Das mit den roten Ärmeln.

MICHAEL Ich hatte nie ein Pyjama mit roten Ärmeln.

VERA Nicht.

MICHAEL Bestimmt nicht.

ALEX Vera.

VERA Was.

ALEX Nicht erschrecken.

VERA Alex. Wie kommst du –

ALEX Ich habe Licht gesehen.

VERA Was willst du hier.

ALEX Sie lassen mich nicht zu Rebekka. Rausgeworfen haben sie mich, dieser Kerl wollte sogar die Polizei rufen.

VERA Welcher Kerl.

ALEX Dieser Arzt da.

VERA Du warst im Krankenhaus.

ALEX Kannst du ihnen bitte sagen, dass sie mich ein paar Minuten –

VERA Wie siehst du aus. Deine Kleider –

ALEX Ich war im Park.

VERA Die ganze Zeit. Bei diesem Wetter.

ALEX Schreibst du mir eine Vollmacht oder so.

VERA Eine Vollmacht.

ALEX Ich brauche wirklich nicht lange.

VERA Michael kommt jeden Moment. Du musst jetzt gehen.

ALEX Er will es nicht, stimmt.

VERA Was will er nicht.

ALEX Dass ich Rebekka sehe.

VERA Hast du die Pillen noch –

ALEX Er glaubt wohl, ich sei schuld an dieser ganzen Geschichte.

VERA Erstaunt dich das.

ALEX Und du. Denkst du auch –

VERA Ich habe keine Ahnung, was ich denken soll.

ALEX Sie wird nicht sterben.

VERA Es sieht nicht gut aus.

ALEX Ich weiß es. Glaube mir. Rebekka kann nicht sterben.

VERA Was ist passiert, Alex.

ALEX Es brennt ein Feuer, es brennt so hell, es brennt in tausend Kränzen. Es brennt für dich, es brennt für mich, es brennt zu unseren Tänzen.

VERA Was redest du da.

ALEX Warum ist sie gerade auf mich gekommen.

VERA Wer. Rebekka.

ALEX Sie hätte es einem anderen zeigen können. Dir. Michael. Irgendeinem. Warum hat sie mich ausgewählt.

VERA Ausgewählt wozu.

ALEX Nicht einmal zum Chinesen wollte sie. Dazu bleibe keine Zeit. Ich wollte ihr erklären, was ein Drehbuch ist, die Regeln, was geht und was nicht. Aber sie hörte gar nicht hin.

VERA Ihr habt nicht –

ALEX Pippi Langstrumpf wollte sie sein. Der Plüschaffe war Herr Nilsson und das Steckenpferd ihr Apfelschimmel. Sie spielte alles genau so, wie es im Buch erzählt wird, Kaffeetrinken und danach die Tasse zerschlagen, die Küche unter Wasser setzen, und als Herr Nilsson beim Picknick in den See fiel, da hat sie ihren Affen beschimpft, irre, das musst du dir unbedingt ansehen. Und dann sagt sie, es ist Samstagabend, ich will ausreiten, und ich sage, ist es dazu nicht ein bisschen zu spät. Aber sie besteht darauf, und hebt das Pferd hoch und trägt es von der Veranda. Es ist schon dunkel, und Herr Nilsson sitzt auf Pippi, und Pippi sitzt auf dem Pferd, irgendwann kommen sie ins Städtchen und auf den Marktplatz. Und da steht dieses Haus in Flammen. Ein riesiges, loderndes Feuer. Leute stehen herum, glotzen und fürchten sich, nur Pippi hat Augen für die Schönheit dieses Feuers, für die stiebenden Funken und die Rauchsäule. Bis sie die beiden Jungs sieht, in der Dachkammer des brennenden Hauses, hoch oben wo die Feuerleiter nicht hinreicht. Aber sie wäre nicht Pippi, wenn sie nicht eine Idee hätte. Sie bindet dem Affen ein Seil an den Schwanz, er zieht es hinauf in den Baum, der gerade bei diesem Haus steht. Pippi holt von einer Baustelle in der Nähe eine Planke, zieht sie mit dem Seil auf den obersten Ast, und jetzt hat das kluge Mädchen eine Brücke hinüber ins Haus. Eine schmale, wackelige Brücke, hoch über dem Marktplatz. Einen Jungen unter dem linken, den anderen unter dem rechten Arm, und das Feuer in ihrem Rücken, die Menge tobt, die Jungs sind gerettet, aber sie hat noch nicht genug, sie tanzt über den Köpfen der erschreckten Menge, sie tanzt wie eine Verrückte, auf einem Bein, und singt dazu dieses Lied.

Vera Ihr habt das doch nicht –

Alex Das war echt, Vera, verstehst du, das war verdammt noch mal echt. Wie soll ich jetzt noch Filme drehen, irgendwelche erfundenen Geschichten erzählen. Das war keine Fiktion, das war die Wahrheit, und sie wollte, dass ich das sehe, sie wollte, dass ich es filme.

Vera Du bist nicht bei dir.

Alex Ich habs gesehen, verstehst du, ich habs gesehen.

Vera Geht jetzt, ich weiß nicht, was passiert, wenn er dich hier –

Alex Hat er sein Kunstohr verkauft.

Vera Was spielt das jetzt noch –

Alex Bestimmt ein Scheißvermögen, stimmts.

Vera Ich möchte nicht, dass du –

Alex Kehrst du zu ihm zurück.

Vera Das geht dich nichts an, und überhaupt –

Alex Ich meine, er ist wirklich ein Arschloch, aber immerhin ein reiches Arschloch –

Vera Ich will nicht, dass du so von ihm sprichst.

Alex Ach komm, ich gehöre jetzt zur Familie. Und zudem schaffst du das alleine nicht.

Vera Was schaffe ich nicht.

Alex Die nächsten Tage. Die nächsten Wochen. Die nächsten Jahre.

Vera Ich kriege das alleine in den Griff.

Alex So wie du deine Hand in den Griff bekommst.

VERA Gib mir die Pillen.

ALEX Ich will zu Rebekka.

VERA Wozu. Damit du dein Werk bewundern kannst.

ALEX Ich habe dir verdammt noch mal gesagt, dass sie nicht krepieren wird. Nie wieder. Das hier, dieser Film macht sie unsterblich. Geht das nicht in deinen Schädel.

VERA Alex, es ist ja gut.

ALEX Das ist echt, verstehst du, was die Menschen hier zu sehen bekommen werden, das ist wahr. Du verstehst das nicht, aber Rebekka und ich, wir habens begriffen.

VERA Beruhige dich.

ALEX Weißt du, was mir nicht in den Kopf will. Dass zwei vollkommen gewöhnliche, bedeutungslose Spießer wie ihr etwas so Wunderbares wie Rebekka auf die Welt setzen können. Erklär mir das.

VERA Ich habe dir meine Tochter anvertraut.

ALEX Einem Hund hättest du sie überlassen, damit du dich unter der südspanischen Sonne in den Arsch ficken lassen kannst. Was ist dir Rebekka Wert. Dreihundert, mickrige dreihundert Mäuse. Dein Scheißkerl ließ immerhin einen Tausender springen. Kannst du nicht einmal danke sagen.

VERA Hast du noch nicht genug.

ALEX Manchen Menschen reicht dieses Leben nicht, sie sehnen sich nach Tiefe. So eine verfickte Scheiße. Tiefe. Wo willst du deine Tiefe finden. In deinen Scheißkirchen. So viele Schwänze gibt es gar nicht, um das große schwarze Loch in dir zu stopfen.

VERA Hör auf, Alex, ich bitte dich.

ALEX Auf diesem Band hast du deine Tiefe. Hier ist das Mysterium. Schau es dir an. Oder bist du zu feige.

VERA Ich will das nicht sehen.

ALEX Es brennt für mich, es brennt für dich.

VERA Lass das.

ALEX Sing. Es brennt ein Feuer, es brennt so hell, es brennt in tausend Kränzen. Es brennt für dich, es brennt für mich, es brennt zu unseren Tänzen. Sing, verdammte Scheiße, sing.

MONTAG, NULL UHR ZWANZIG.

VERA Wo warst du so lange.

MICHAEL Ich habe die Zahnseide nicht gefunden. Wahrscheinlich in Innsbruck liegengelassen. Hast du vielleicht noch
welche.

VERA Keine Ahnung.

MICHAEL Geht es dir besser.

VERA Besser.

MICHAEL Das Zittern hat aufgehört.

VERA Ja.

MICHAEL Das ist das Bad.

VERA Das ist das Clobazam.

MICHAEL Ich dachte –

VERA Ich hatte noch welche in der Handtasche.

MICHAEL Hast du die Küche gesehen. Das reinste Chaos.
Alles steht unter Wasser und das halbe Geschirr ist zerschlagen.

VERA Ist doch jetzt auch egal.

MICHAEL Ich habe mir im Schrank ein Fach genommen. Das
ist dir doch recht.

VERA Wie.

MICHAEL Ich leg mich dann hin. Sonst schlafe ich noch im
Stehen ein. Kommst du auch.

VERA Geh nur.

MICHAEL Vera.

VERA Was.

MICHAEL Nichts. Das hat Zeit bis morgen.

Parzival

Personen:

Parzival
Herzeloyde

Zwei Bauern

Carnac
Ritter

Jeschute
Orilus

Sigune

Ither

Artus
Cunneware
Keye
Ginover
Segramors
Iwanet

Gurnemanz
Page
Liase

Conduiramour
Erster Ritter
Zweiter Ritter
Klamide

Anfortas
Knappe
Höfling

Cundrie

Trevrizent

Schauplätze:

In Einöden, Grotten, Unterständen, Rauchhöhlen, Filzkam-
mern, Sickergruben, Ställen, Koben, lichten Gespinsten, hel-
len Träumen; über Wipfeln, unter Steppdecken, Schabracken,
im Gewöll, zwischen den Zähnen.

Synopsis

Eine Welt des Übergangs. Jede Gewissheit ist verloren. Regeln werden nur behauptet, Werte vorgetäuscht, Ehre, Respekt, Aufrichtigkeit – alles leere Worte. Willkür herrscht, und nackte Gewalt ist ihr Instrument. Darin ein verwahrloster Junge, töricht, zornig, stark, schön. Du kannst den Jungen aus der Einöde holen, aber die Einöde nicht aus dem Jungen.

Herzeloyde
Eine Frau hat ihren Mann verloren. Er wurde ermordet. Die Witwe zieht in eine Einöde. Sie will ihren Sohn vor dieser Welt bewahren. Erklärt ihm nichts, und weil die Werte der Welt ganz verkehrt sind, verkehrt sie die Werte, die sie den Jungen lehrt. Verschweigt ihm seinen Namen. Lässt alle Vögel töten, da sie entdeckt, wie ihr Gesang seine Sehnsucht weckt. Er soll sich nicht sehnen. Fremde kommen. Bunt, laut, grausam. Sie verhöhnen ihn. Er will sein wie sie. In die Welt fahren. Er fragt der Mutter Löcher in den Bauch. Die Mutter steckt ihn in ein Narrenkleid und unterrichtet ihn: Grüße jeden! Nimm einer Frau den Ring vom Finger! Gehorche den Greisen! Er flieht. Sie stirbt.

Jeschute
Er trifft auf eine Frau. Nimmt ihr den Ring vom Finger. Fragt sie alles und jedes. Kommt ihr nahe. Raubt ihr einen Kuss. Sie wird von ihrem Mann darauf geschlagen, gedemütigt. Nackt wird sie auf einen alten Klepper gesetzt und durch die Welt getrieben. Er aber flieht.

Sigune
Im Wald eine Frau. Sie schmiegt sich an einen Toten. Es ist der Mann, der ihr versprochen war. Er wurde ermordet. Sie

53

reißt sich alle Haare vom Kopf. Auch sie ist nicht sicher vor seinen Fragen. Sie enthüllt, wie der Junge heißt. Parzival. Er sei ein König. Er aber flieht.

Artus

Er trifft auf hohe Herren. Sie fressen, saufen, singen die ganze Zeit. Er stellt die dümmsten Fragen. Man bestaunt ihn, er scheint so unverdorben. Eine Frau, die geschworen hat, niemals zu lachen, bis der Erlöser erscheine, schenkt ihm ein Lächeln – und wird deswegen verdroschen. Der Junge verlangt Waffen und ein Pferd. Bestimmte Waffen und ein Pferd, Ithers nämlich. Artus zögert. Der Junge quengelt. Artus gibt nach. Parzival erschlägt Ither. Zieht seine Kleider an. Flieht.

Gurnemanz

Ein alter Mann unterrichtet ihn. Sagt ihm, was er tun soll. Und was nicht. Ist lieb und streng und gut. Er soll nicht immer fragen. Sein Gefasel von der Mutter nerve. Er gibt ihm Männer, die er einen Tag lang verprügeln darf, solange bis Blut spritzt. Er macht das gut. Der Alte hört, dass die Frau, die niemals lacht, bis der Erlöser erscheint, beim Anblick des Jungen lachte und er glaubt, in ihm einen Stammhalter für sein sieches Geschlecht gefunden zu haben. Er gibt dem Jungen seine Tochter. Sie heißt Liase, und sie verliebt sich. Er verspricht, sie zu heiraten, sobald er die Welt gesehen hat. Danach flieht er.

Conduiramour

Eine Frau, die seit Jahren Hunger leidet, deren Welt arm ist, bedroht, ihre Freunde sind fahl wie Asche, die Gesichter gelb wie Lehm, sie selbst hohläugig, somnambul, halb verrückt vor Angst und Sehnsucht. Man stirbt allenthalben. Hier gefällt es Parzival. Zu dieser Frau legt er sich ins Bett, er glaubt, er könne sie lieben. Er bringt einen Nebenbuhler um. Wird impotent. Flieht. Taumelt.

Anfortas

Er kommt an einen Ort, den es nicht gibt, den man nicht suchen darf, eine Halluzination. Dort ist alles schön, und alles ist krank und verwesend und leidend. Ein einziger Schmerzensschrei. Man freut sich über den Gast. Der König ist verletzt an seinem Sack, seine ganze Welt dreht sich um eine Schale, die man unter großem Brimborium hereinträgt. Eine nächtliche Sause voller Schmerz und Rausch. Er wundert sich, schluckt jede Frage runter. Wie man ihn geheißen hat. Am nächsten Morgen sind alle verschwunden, die Halluzination verflogen. Ein Knecht verflucht Parzival und seine Maulfaulheit. Warum in drei Teufels Namen er den König nicht nach dem Grund für dessen Leiden gefragt habe? Er hätte alle erlösen können. Der Junge flucht und flieht.

Sigune

Er trifft auf seine Kusine. Sie ist kahl, vor Leid hat sie sich alle Haare ausgerissen, dafür hat sie ihrer geliebten Leiche und sich ein Loch gegraben, da drinnen hausen die beiden in der Gesellschaft fingerdicker Maden. Sie verflucht ihn, weil er den König nicht gefragt hat, was sein Leiden sei. Er flieht.

Jeschute

Nackt, zerschunden, wird sie von ihrem Gatten Orilus durch die Wälder getrieben. Parzival erkennt, dass er der Grund für ihr Leiden ist und will seinen Fehler beheben. So lässt er Orilus die Wahl: entweder das Weib zu lieben oder zu sterben. Der Mann wählt die Liebe. Er aber flieht.

Artus

Er weiß nun überhaupt nicht mehr, was das Ganze soll, die Suche, die Abenteuer, die Gepflogenheiten, die Ehre, der Respekt, taumelt zurück zu seinen feiernden Freunden. Dort wird er mit allen Ehren empfangen, als sei er ein gereifter Mann. Er zweifelt, er ist verwirrt wie nie zuvor. Wo die anderen ein System behaupten, sieht er nur Chaos, und doch beglückwünschen ihn alle, er weiß nicht, wozu. Doch er ist empfänglich für die Freuden der Herrenrunde, für das Vergessen im Rausch. Und genau im Moment, da er sich vergisst, einmal nur genießt und alle Zweifel fahren lässt, tritt eine Alte auf ihn zu, die seiner Mutter ähnelt, eine Irre, zerlumpt, stinkend, und verflucht ihn für was er ist und was er tut. Er fühlt sich erkannt. Und flieht.

Trevrizent

Ein alter Mann, ein Bettler, Gammler, Einsiedler, ein Ausgestoßener nimmt sich seiner an. Der Junge gesteht. Ich hasse Gott. Der Mann redet es ihm aus mit Allerweltsweisheiten, die mitnichten das System erklären, aber den jungen Mann anstacheln. Reine, hohle Phrasen. Du kannst es schaffen! Denke stets nur an den nächsten Schritt! Die Kraft liegt in dir! Solche Worte, er glaubt nicht, dass sie ihm helfen.

Anfortas

Er trifft die Bauern wieder, die mit ihm im Wald hausten, damals, vor vier Jahren, bei Herzeloyde. Sie wecken die Sehnsucht in ihm nach seinem Zuhause. Er zieht das Narrenkleid wieder an, das seine Mutter ihm gegeben hat. Und macht sich auf den Weg. Da er sie nicht sucht und jeden Ehrgeiz verloren hat, erscheint ihm die Gralsburg wieder. Parzival stellt die Frage und erlöst damit den siechen König. Wird sein Nachfolger. Rettet die taumelnde Welt. Richtet, was krumm war. Warum?

ERSTENS. IN DER EINÖDE.

✳ ✳ ✳

HERZELOYDE Hier.
ERSTER BAUER Hier.
HERZELOYDE Hier bleiben wir.
ZWEITER BAUER Hier ist nichts.
HERZELOYDE Die Bäume, der Fluss, eine Lichtung.
ERSTER BAUER Menschen.
ZWEITER BAUER Keine.
HERZELOYDE Gut.
ERSTER BAUER Und das Kind.
HERZELOYDE Es ist noch klein. Es braucht nur mich.
ERSTER BAUER Es wird nach der Welt fragen, eines Tages.
HERZELOYDE Seine Welt sind wir.
ZWEITER BAUER Und wenn es nach dem Vater fragt.
HERZELOYDE Es hat keinen Vater.
ZWEITER BAUER Damit wird es sich nicht begnügen.
HERZELOYDE Erzählt, was ihr wollt, aber sagt nichts von
    Abenteuern, hört ihr, erzählt nichts von Pferden, nichts
    von fernen Ländern, nichts von Kampf und Mut und Toll-
    kühnheit, nichts von allem, was sein Vater um das Leben
    brachte. Erzählt ihm nichts vom Rittertum. Er würde weg-
    gehen von mir, ich würds nicht überleben. Wenn einer das
    Wort Ritter in den Mund nimmt, hängt er an diesem Baum,
    zuoberst. Jetzt schweigt er.
ERSTER Er denkt nach. Was wir dem Kind erzählen sollen.

✳ ✳ ✳

ZWEITER BAUER Das ist nicht gut, ich sags dir, das ist nicht
    gut.
ERSTER BAUER Sie will nur sein Bestes.

ZWEITER BAUER Das wird sie nicht kriegen.

ERSTER BAUER Wir tun, was sie sagt.

ZWEITER BAUER Und was wird aus uns.

ERSTER BAUER Sie trauert. Das geht vorbei. Dann besinnt sie sich. Dann gehn wir weg.

* * *

PARZIVAL Schau mal. Was habe ich hier.

ZWEITER BAUER Wo.

PARZIVAL Da. Das tut weh.

ZWEITER BAUER Da ist das Herz.

PARZIVAL Ich hab einem Vogel zugehört, wie er sein Lied gesungen hat, da wars, als hätte er mirs entrissen.

ZWEITER BAUER Das kenn ich. Das ist die Sehnsucht.

PARZIVAL Ist das schlimm.

ZWEITER BAUER Ein Gift. Es macht die Augen groß, das Herz weit, und alles, was man vor sich hat, jeden Tag, wird klein und grau, und was in der Seele ist, und was man träumt am Tag und in der Nacht, das scheint groß und schön und leuchtet. Man wünscht sich fort.

ERSTER BAUER Wir lassen das jetzt.

PARZIVAL Was ist fort.

ZWEITER BAUER Fort.

PARZIVAL Ja. Was ist fort.

ZWEITER BAUER Fort ist überall, wo nicht hier ist.

ERSTER BAUER Sei still.

PARZIVAL Aber hier ist doch überall.

ERSTER BAUER Genau. Und nun genug davon.

PARZIVAL Aber wenn überall hier ist, wo kann dann noch fort sein.

ERSTER BAUER Wenn du jetzt hier stehst, dann ist hier natürlich hier, und fort, das wäre dann, sagen wir, hinter jener Eiche.

PARZIVAL Hinter jener Eiche.

ZWEITER BAUER In einem gewissen Sinne.

Parzival Hinter jener Eiche steht eine Buche.

Erster Bauer Und so wie rechts links wird, wenn du dich von links nach rechts wendest, und unten auch oben sein kann, wenn du es nur verdrehst, so ist, wenn du bei jener Buche stehst, dann eben dort hier, und fort ist dann folglich hinter jener Buche.

Parzival Hinter dieser Buche steht noch eine Buche.

Zweiter Bauer Das stimmt.

Parzival Und zwar eine Hagebuche, und hinter den Hagebuchen kommen die Eiben, dann die Lichtung, wos immer Hirsche gibt. Und dann kommen die Brombeeren.

Zweiter Bauer Na bitte.

Parzival Und wenn ich aber bei den Brombeeren stehe, was dann.

Erster Bauer Nun.

Parzival Was ist hinter den Brombeeren.

Zweiter Bauer Nun.

Parzival Ich werde Mutter fragen.

✳ ✳ ✳

Zweiter Bauer Ich frag mich, woher er seine Blödheit hat. Da die Mutter nicht blöd ist, bleibt also nur der Vater. Und da das schon so eine unwahrscheinlich monumentale Blödheit ist, und da nun ein solcher Idiot aus ihr gekrochen kam, eine Schande der Schöpfung, dann muss doch der Vater, wenn ich mich nicht irre, da ja nur die Hälfte von ihm kommt, doppelt so blöd gewesen sein, weil die Klugheit der Mutter die Blödheit des Vaters verdünnt.

Erster Bauer Der ist ins Morgenland gefahren. Hat seine Frau zurückgelassen. Ist das blöd.

Zweiter Bauer Kommt drauf an.

Erster Bauer Du hättest schweigen müssen.

Zweiter Bauer Ich bin ja nicht blöd, und du bist ja ein Ausbund an Gelehrsamkeit, und seine Mutter ist auch nicht blöd, vielleicht ein bisschen seltsam. Wer bleibt denn noch.

Die Tannen. Die Füchse. Die Hirsche. Sonst gibts ja keinen, der einen Einfluss auf ihn hat. Also muss die Blödheit schon in ihm drin gewesen sein. Aber wie kommt sie da rein.

ERSTER BAUER Frag lieber, wie sie da wieder hinauskommt.

***

HERZELOYDE Geht. Tötet die Vögel.
ERSTER BAUER Welche Vögel.
HERZELOYDE Alle, die singen.
ZWEITER BAUER Es singen alle.
HERZELOYDE Dann tötet alle. Er soll nicht sehnsüchtig sein.

***

PARZIVAL Mutter. Sie töten die Vögel.
HERZELOYDE Sei nicht traurig.
PARZIVAL Hast du es befohlen.
HERZELOYDE Sie haben dir wehgetan.
PARZIVAL Aber doch nur einer.
HERZELOYDE Und diesen ließ ich töten, damit er nicht mehr singen kann.
PARZIVAL Aber die andern.
HERZELOYDE Singen nicht mehr, weil sie um den toten Freund trauern.
PARZIVAL Ist das schlimm.
HERZELOYDE Ein Vogel, der singt, tut dir weh, und einer, der nicht singt, beleidigt jenen, der ihnen den Gesang gegeben hat.
PARZIVAL Wer ist das.
HERZELOYDE Gott.
PARZIVAL Wer ist das, Gott.
HERZELOYDE Gott ist heller als der Tag. Du sollst ihn anrufen in allerhöchster Not. Er steht dir bei, zweifle nie daran.
PARZIVAL Wo ist er.
HERZELOYDE Er ist überall.

PARZIVAL Überall.

HERZELOYDE Ja. Was denkst du.

PARZIVAL Überall ist hier, nicht wahr.

HERZELOYDE Genau.

PARZIVAL Da wird mir jetzt, ich glaub, ein bisschen schwind-
lig.

HERZELOYDE Du erkennst ihn daran, was er nicht ist. Er ist
nicht schwarz. Er stinkt nicht. Es ist der andere, der stinkt.
Der Herr der Hölle.

PARZIVAL Ich wünschte, er würde hier erscheinen.

HERZELOYDE Wer.

PARZIVAL Der Herr der Hölle.

HERZELOYDE Mein Liebling.

PARZIVAL Dann würde ich ihm meinen Spieß zwischen die
Augen treiben, da, und ich würde so stark werfen, dass der
Schaft geradewegs durchs Hirn dränge und hinten, da, beim
Schädel, gleich wieder hinaus und das Hirn würde – darf
ich es dir zeigen, Mama.

HERZELOYDE Mein Liebling.

PARZIVAL Ich mach es so mit den Hirschen.

✳ ✳ ✳

PARZIVAL Oh lebendiger Gott, hilf.

SEGRAMORS Dir ist nicht zu helfen, Junge, scheints. Steh auf,
geh aus dem Weg.

CARNAC Hast du zwei Ritter gesehen, ein Fräulein unterm
Arm, gefesselt, geknebelt.

PARZIVAL Großer Gott, ich bin in höchster Not, und so rufe
ich, so hilf mir doch.

CARNAC Was fehlt dir.

PARZIVAL Nichts.

CARNAC Du schreist, als sei ein Keiler hinter dir her.

PARZIVAL Meine Mutter hat mich so geheißen, wenn ich
Gott begegne.

CARNAC Wir sind nicht Gott.

61

SEGRAMORS Wir sind Ritter.

PARZIVAL Was sind Ritter.

CARNAC König Artus bestimmt, wer einer ist.

PARZIVAL Wer ist Artus.

SEGRAMORS Hast du nicht gehört. Ein König.

PARZIVAL Was ist ein König.

SEGRAMORS Ich werd dich gleich.

CARNAC Lass ihn.

PARZIVAL Was ist das da.

CARNAC Ein Kettenhemd.

PARZIVAL Was ist ein Kettenhemd.

CARNAC Ein Hemd aus Ketten.

PARZIVAL Was sind Ketten.

SEGRAMORS Ich leg dich gleich in welche.

CARNAC Eine gute Frage. Wie würdest du Ketten beschreiben.

SEGRAMORS Herr. Wir müssen weiter.

CARNAC Antworte.

SEGRAMORS Ich.

CARNAC Ja.

SEGRAMORS Das da sind Ketten.

CARNAC Aber wie beschreibst du sie einem Blinden.

SEGRAMORS Es sind. Es sind Schnüre aus Eisen, mein Gott.

PARZIVAL Hab ich es doch gewusst, er hat sie Gott genannt.

CARNAC Das war ein Ausstoß der Verzweiflung.

PARZIVAL Was ist Verzweiflung.

CARNAC Ich würde weiter mit dir plaudern. Aber mein
Freund wird ungeduldig.

PARZIVAL Was ist ein Freund.

CARNAC Ein Freund ist ein Mensch, der niemals von dir
weicht.

PARZIVAL Und was ist Eisen.

CARNAC Mein Schwert ist aus Eisen, und mein Kettenhemd
ist auch aus Eisen, da kann mir keiner Übles.

SEGRAMORS Was ist ein Schwert, wer ist keiner, und was ist
Übles. Spricht er Deutsch, oder wie nennt man diese Sprache.

PARZIVAL Ich weiß, was Übles ist. Übel ist es, sich über jemanden lustig zu machen.

CARNAC Jetzt hat er dich.

SEGRAMORS Wir müssen weiter.

PARZIVAL Ich bin nur froh, tragen meine Hirsche kein Kettenhemd. Wie wollt ich sie sonst jagen.

CARNAC Wie viele Tiere hast du denn schon gejagt.

PARZIVAL Vier.

CARNAC Du bist bescheiden.

PARZIVAL Ein schlechter Tag, gestern warens acht bis zum Mittag.

SEGRAMORS Acht Hirsche an einem Morgen. Der Wald muss leer sein.

CARNAC Wer isst dir acht Hirsche an einem Tag.

PARZIVAL Die Fliegen und die Maden.

SEGRAMORS Das ist Frevel.

PARZIVAL Es freut mich, wenn sie zu rennen versuchen, und das gelingt dann nicht, weil ihnen mein Spieß schon überm Herzen steckt, und dann straucheln sie und das Auge verdreht sich so ins Weiße und dann atmen sie noch schwer mit der Zunge so im Mundwinkel. Sieht lustig aus, wenn sie das machen.

CARNAC Es zweifelt an Gott, wer diesen Jungen sieht. So schön ist er anzusehen, und hat nicht den Verstand einer Kuh. Warum tut der Schöpfer das. Ihr sollt keine Perlen vor die Säue werfen, steht das nicht in der Schrift.

***

PARZIVAL Mama, gib mir Kleider und ein Pferd, jetzt gleich. Ich will zu Artus.

HERZELOYDE Zu welchem Artus.

PARZIVAL Zu König Artus. Er wird mich zu einem Ritter machen.

HERZELOYDE Ach.

PARZIVAL Was ist mit dir.

HERZELOYDE Nichts, mein Liebling.

PARZIVAL Ich muss ein Ritter werden.

HERZELOYDE Denk nicht, der Herr Artus verschenke die Ritterwürde.

PARZIVAL Ich brauche ein Pferd.

HERZELOYDE Nimm dies.

PARZIVAL Einen Stuhl.

HERZELOYDE Er frisst nichts, er wirft dich nicht ab, er zieht keine Fliegen an. Und hier. Dies als Wams.

PARZIVAL Mein Kissenanzug.

HERZELOYDE Nicht mehr, wenn ich fünf Löcher reinschneide, eines für den Kopf, zwei für Beine, Arme. Und setze die Kappe auf mit diesen Schellen dran, damit man dich von Weitem hört und alle bösen Teufel gleich Reißaus nehmen.

PARZIVAL Mutter.

HERZELOYDE Mein Liebling.

PARZIVAL Sag mir die Wahrheit. Bin ich dumm.

HERZELOYDE Dumm ist, wer Dummes tut. Klug ist, wer dunkle Furten meidet. Hörst du. Nur durch die Hellen reite. Weiter. Was alte, graue Herren sagen, das befolge ohne nachzudenken. Wenn du eine Frau triffst, und sie schön ist, und sie einen Ring am Finger trägt, dann nimm ihn ihr. Zögere nicht und küsse sie, und falls sie keusch ist, züchtig, bringt das Glück.

PARZIVAL Ja.

HERZELOYDE Das ist noch nicht alles. Sei freundlich, niemals hochmütig, grüße jeden. Auch zum Abschied. Morgens rufst du. Einen wunderschönen Morgen wünsch ich. Mittags. Der Herr beschütze Sie und Ihre Lieben. Und abends. Eine friedliche Nacht sei Ihnen sehr gegönnt.

PARZIVAL Sehr gut.

HERZELOYDE Das ist noch nicht alles. Lähelin, der Erzschurke, hat deine Länder geraubt, erstens Wales und zweitens Norgal.

PARZIVAL Lähelin.

HERZELOYDE Du wirst blass.

PARZIVAL Lähelin.

HERZELOYDE Und jetzt puterrot.

PARZIVAL Lähelin.

HERZELOYDE Bleib hier bei mir.

PARZIVAL Ich komme wieder wenn ich ein Ritter bin.

HERZELOYDE Ich überlebe das nicht.

PARZIVAL Sei unbesorgt, ich werde jeden Rat befolgen.

HERZELOYDE Dann bleib.

PARZIVAL Lebwohl.

HERZELOYDE Ach.

*** *** ***

ZWEITER BAUER Sie ist tot.

ERSTER BAUER Nicht einmal umgedreht hat er sich.

ZWEITER BAUER Er wird nicht weit kommen in diesem Aufzug.

ERSTER BAUER Vergiss nicht, er hat einen guten Schutz.

ZWEITER BAUER Nur seinen Hirschspieß.

ERSTER BAUER Ich meine seine Dummheit.

ZWEITER BAUER Was wird aus uns.

ERSTER BAUER Begraben wir die Herrin. Und dann lass uns gehen.

ZWEITER BAUER Wohin.

ERSTER BAUER Wohin ging er.

ZWEITER BAUER Da lang.

ERSTER BAUER Dann gehen wir in die andere Richtung.

ZWEITENS. IM WALD.

* * *

PARZIVAL Meide dunkle Alte. Reite durch klare Frauen. Entreiße ihnen die Furt, und gehorche schönen Ringen. Nein. Gehorche klaren Furten, meide alte Ringe, entreiße Frauen, reite durch dunkle Alte. Nein. Reite durch klare Ringe, meide alte Furten, gehorche dunklen Frauen, entreiße schöne Alte. Jetzt wird mir, glaube ich, ein bisschen schwindelig.

* * *

PARZIVAL Ist morgens, mittags oder abends.
JESCHUTE Mittags.
PARZIVAL Dann beschütze Sie der Herr und Ihre Liebsten.
JESCHUTE Wie kommst du hierher.
PARZIVAL Ich habe die dunkle Furt gemieden.
JESCHUTE Die dunkle Furt.
PARZIVAL Deshalb hat es auch länger gedauert.
JESCHUTE Bist du ein Gaukler.
PARZIVAL Was ist ein Gaukler.
JESCHUTE Jemand, der Späße macht und einem die Langeweile vertreibt.
PARZIVAL Was ist die Langweile.
JESCHUTE Wenn man nicht weiß, was man mit sich anfangen soll.
PARZIVAL Warum weiß man nicht, was man mit sich anfangen soll.
JESCHUTE Weil man einsam ist, vielleicht.
PARZIVAL Was ist einsam.
JESCHUTE Was ist das da auf deinem Kopf.
PARZIVAL Das ist eine Kappe.

JESCHUTE Und wozu die Schellen.

PARZIVAL Damit alle wilden Teufel gleich Reißaus nehmen.

JESCHUTE Hier gibt es keine Teufel.

PARZIVAL Nicht.

JESCHUTE Nur mich.

PARZIVAL Wer bist du.

JESCHUTE Dass du zu fragen wagst.

PARZIVAL Bist du, was man eine Frau nennt.

JESCHUTE Du hast wohl noch nicht viele gesehen.

PARZIVAL Und bist du schön.

JESCHUTE Ich bin nicht eitel genug, es zu behaupten.

PARZIVAL Was ist eitel.

JESCHUTE Ich glaube nicht, dass du es bist. Obwohl du Grund genug hättest.

PARZIVAL Warum.

JESCHUTE Wer schön ist und sich in Kissen kleidet, der kann nicht eitel sein. Wohl aber ein Narr.

PARZIVAL Was ist ein Narr.

JESCHUTE Lass die Fragerei. Wie ist dein Name.

PARZIVAL Meinliebling.

JESCHUTE Meinliebling.

PARZIVAL Genau der bin ich. Und ich will ein Ritter werden.

JESCHUTE Frech bist du. Was tust du.

PARZIVAL Meine Mutter hat es mir aufgetragen.

JESCHUTE Lass mich. Du frisst mich ja auf. Wenn du hungrig bist, iss Brot.

PARZIVAL Gib mir deinen Ring.

JESCHUTE Bestimmt nicht.

PARZIVAL Du bist eine Frau. Ich habe dich gefragt. Du musst. Ich weiß es.

JESCHUTE Er wird dir kein Glück bringen.

PARZIVAL Er ist bestimmt dazu.

JESCHUTE Orilus wird dich töten.

PARZIVAL Gott beschütze ihn. Allseits wünsch ich einen geruhsamen Tag.

JESCHUTE Lass den Ring hier. Ich bitte dich. Lass ihn hier.

* * *

JESCHUTE Gut, Herr, dass sie zurück sind.

ORILUS Der Ring.

JESCHUTE Da war jemand, Herr.

ORILUS Jemand.

JESCHUTE Mit Schellen an der Kappe, und einem Kissen als Wams.

ORILUS Einem Narren gibst du meinen Ring.

JESCHUTE Das war kein Narr. Dafür war er zu schön.

ORILUS Zu schön.

JESCHUTE Aber blöd.

ORILUS Nicht zu blöd, Euch den Ring zu nehmen.

JESCHUTE Mit dem Messer hat er mich gezwungen.

ORILUS Eine Stunde nur war ich auf der Jagd.

JESCHUTE Und ward ihr erfolgreich, Herr.

ORILUS Nicht so erfolgreich wie du. Eine Sau habe ich gestochen, schön ist sie nicht.

JESCHUTE Ach, Herr, verzeiht mir.

ORILUS Eine Stunde hat euch gereicht.

JESCHUTE Was hätte ich tun können.

ORILUS Ich habe Euch vertraut.

JESCHUTE Herr.

ORILUS Aus Liebe habe ich vertraut. Zieh dich aus.

JESCHUTE Lieber. Bitte. Nicht.

ORILUS Was soll ich tun. Sag mir das. Was soll ich tun mit einer Frau, die meinen Ring verschenkt.

JESCHUTE Er hat ihn mir entrissen.

ORILUS Fass mich nicht an. Fass mich nie wieder an, hörst du. Hier. Dies hier wird dein Kleid sein von nun an.

JESCHUTE Das Saufell. Es ist noch blutig.

ORILUS So blutig wie mein Herz. Jetzt los.

JESCHUTE Wo gehn wir hin.

ORILUS Wir suchen den Ring.

JESCHUTE Es wird bald dunkel.

ORILUS Und dunkel wird es bleiben.

68

PARZIVAL Was habt Ihr.

SIGUNE Lass mich.

PARZIVAL Warum.

SIGUNE Lass mich, sag ich.

PARZIVAL Ich tu nichts. Ich will wissen, was Ihr da tut.

SIGUNE Was willst du.

PARZIVAL Ihr pinkelt aus den Augen.

SIGUNE Seht Ihr nicht.

PARZIVAL Was hat er verloren, dass er so daliegt.

SIGUNE Sein Leben.

PARZIVAL Und warum sitzt ihr daneben und helft nicht suchen.

SIGUNE Sein Leben verliert man nur einmal, man kanns nicht
wiederfinden.

PARZIVAL Wenn ers nicht wiederfinden kann, warum sucht
er es dann.

SIGUNE Ich bitte Euch.

PARZIVAL Worum.

SIGUNE Hast du kein Mitleid.

PARZIVAL Ein Mitleid hat Mutter Herzeloyde nicht einge-
packt.

SIGUNE Du bist Herzeloydes Sohn.

PARZIVAL Den Alten und den Grauen, hat sie gesagt, soll ich
vertrauen. Das könnte auf ihn passen. Er sieht alt und grau
aus.

SIGUNE Jung war er, und mein Liebling.

PARZIVAL Lüge.

SIGUNE Wie.

PARZIVAL Meinliebling, das bin ich.

SIGUNE Geh weiter, treib deine Späße anderswo.

PARZIVAL Ich danke sehr. Dann mache ich mich auf den
Weg. Einen allseits segnungsreichen Tag wünsche ich.

SIGUNE Das wünsch ich auch.

PARZIVAL Und er.

SIGUNE Wie.

PARZIVAL Sagt er nichts. Bringt er das Maul nicht auf.

SIGUNE Was tust du.

PARZIVAL Hörst du nicht. He. Ich habe dich gegrüßt. Und du, als hättest du es nicht gehört. Steh auf, Unflat, ich rede mit dir.

SIGUNE Lass ihn.

PARZIVAL Erst, wenn er meinen Gruß erwidert hat.

SIGUNE Er kann dich nicht hören.

PARZIVAL Schläft er.

SIGUNE Siehst du nicht.

PARZIVAL Was seh ich nicht.

SIGUNE Man hat ihn erschlagen.

PARZIVAL Aha. Was ist das.

SIGUNE Tot, er ist tot.

PARZIVAL Das kenn ich nur von Hirschen. Ich wusste nicht, dass Menschen sowas auch geschieht.

SIGUNE Schionatulander ist es geschehen.

PARZIVAL Wer ist Schionatulander.

SIGUNE Er.

PARZIVAL Du sagtest doch, er heiße Meinliebling.

SIGUNE Er ist mein Liebling, sein Name ist Schionatulander, so, wie dein Name Parzival ist.

PARZIVAL Parzival. Was ist Parzival.

SIGUNE Du bist so einfältig, du kennst deinen eigenen Namen nicht. Herzeloyde hätte dich behalten sollen in der Einöde. Warum hast du sie verlassen.

PARZIVAL Weil ich zu König Artus muss.

SIGUNE Geh heim. Sie hat dasselbe erlitten wie ich. Und ihr blieb von deinem Vater Gahmuret nicht einmal der Leichnam.

PARZIVAL Was ist ein Vater.

SIGUNE Jeder Mensch hat einen Vater, sonst würde man nicht geboren.

PARZIVAL Was bedeutet geboren.

SIGUNE Man kriecht aus seiner Mutter.

PARZIVAL Man kriecht aus seiner Mutter.

SIGUNE Ja.

PARZIVAL Und wer hat mich in die Mutter hineingetan.

SIGUNE Dein Vater Gahmuret.

PARZIVAL Das muss ein Scheusal sein. Mich in meine Mutter
zu sperren. Ich werde ihn erschlagen.

SIGUNE Er ist schon erschlagen.

PARZIVAL Wer erschlägt all die Ritter.

SIGUNE Andere Ritter.

PARZIVAL Ritter erschlagen Ritter.

SIGUNE Warum lachst du.

PARZIVAL Das wäre ja, als würden meine Hirsche Hirsche
töten.

SIGUNE Es ist nun einmal so.

PARZIVAL Welcher Ritter hat Schionatulander erschlagen.

SIGUNE Orilus heißt er.

PARZIVAL Orilus.

SIGUNE Was ist mit dir.

PARZIVAL Mir wird, ich glaube, jetzt ein bisschen schwind-
lig. Mein Kopf. Es ist so viel.

SIGUNE Geh nach Hause. Wo du keinen Schaden nimmst
und keinen anrichtest. Was tust du.

PARZIVAL Ich mach ein Loch für Schionatulander.

SIGUNE Lass ihn mir. Die Erde soll uns nicht trennen.

PARZIVAL Er stinkt schon.

SIGUNE Das ist mir einerlei. Ich will bei ihm bleiben. Ach,
hätte ich nur ja gesagt, als er mich hören konnte, wir wären
Mann und Frau jetzt. Wo gehst du hin.

***

PARZIVAL Ist Morgen, Mittag oder Abend.

ITHER Was kümmert mich die Tageszeit.

PARZIVAL Ich möcht Euch grüßen.

ITHER Morgen ist.

PARZIVAL Dann soll der Herr dir fein ein Liedchen pfeifen.

ITHER Was willst du, kleiner Mensch.

PARZIVAL Sind Sie Artus.

ITHER Ich bin gewiss kein Räuber.

PARZIVAL Ich meine den König, keinen Räuber.

ITHER Weil Artus König ist, ist er ein Räuber. Meinen Erb-
teil hat er mir gestohlen. Ich habe gefordert, was mir zusteht, und er, statt es mir zu geben, hat mich verstoßen aus
der Tafelrunde.

PARZIVAL Was ist die Tafelrunde.

ITHER Wo die edlen Herren Ritter sitzen.

PARZIVAL Und der Räuber.

ITHER Sitzt auch da.

PARZIVAL Ich danke Euch.

ITHER Ich war so ungestüm wie du. Es hat mir kein Glück
gebracht. Und, Junge, pass auf, da drin gibts Ungeheuer.

PARZIVAL Ungeheuer.

ITHER Weiber. Ich hab eins bekleckert, Ginover, leider nur
mit Wein. Pass auf. Bestell ihnen, und füge nichts hinzu
und lasse auch nichts weg, ich warte hier, bis einer kommt
und kämpft mit mir um meine Schmach zu tilgen und um
meine Ehre.

***

KEYE Wer hat diesen Menschen hier hereingelassen.

PARZIVAL Ich wünsche einen herzallerliebsten Sonnentag.

KEYE Ich frage, wie der Kerl hereinkommt.

GINOVER Warum geht er zu jedem und grüßt mit Handschlag.

KEYE Packt ihn.

GINOVER Lasst ihn doch. Er wird uns etwas zerstreuen.

PARZIVAL Wo sind die Ungeheuer.

SEGRAMORS Ich seh nur eines.

PARZIVAL Zeigt es mir.

SEGRAMORS Es steht gerade vor mir.

PARZIVAL Ich meine jene, die man Weiber nennt.

ARTUS Und wenn ich es dir zeig, was machst du dann damit.

PARZIVAL Ich treib ihm meinen Spieß zwischen die Augen, und als Lohn macht Ihr mich zum Ritter.

ARTUS Ginover, Ihr seid so blass, zerstreut er euch nicht recht.

CARNAC Ich kenne ihn. Er ist, wie soll ich sagen, von allen nicht der Klügste.

KEYE In welchen Löchern trifft man solche Tölpel.

SEGRAMORS Gewiss nicht am Ofen, wenn man Damen behütet.

KEYE Cunneware hat einen Eid geleistet. Ich sorge dafür, dass sie ihn hält.

SEGRAMORS Sie wird ihn ewig halten müssen.

KEYE Nur, bis dass der Eine kommt, der Edelste, der richtet, was schief ist und diese Welt befreit.

CARNAC Er wird niemals kommen.

KEYE Dann wird Cunneware auch niemals wieder lachen. Das ist der Eid.

CARNAC Ein Weib zu bewachen, das niemals lacht, das ist eine große Rittertat.

KEYE Ich werde dir zeigen, zu welchen Taten ich noch fähig bin.

PARZIVAL Wo ist das Weib.

GINOVER Hier herrschten früher feine Sitten, jetzt nur noch Rohheit. Der Bauer passt zu Euch.

ARTUS Ruhig. Hier gibt es keine Ungeheuer. Aber dein Besuch ist uns sehr willkommen. Die Königin langweilt sich, und die Ritter streiten sich zum Spaß, so angeödet sind sie von meiner Stube.

GINOVER Eine schöne Mütze trägst du. Sind das Schellen. Bist du aus dem Zirkus. Tanz uns etwas vor.

PARZIVAL Ich kann nicht tanzen.

GINOVER Ein Lied vielleicht.

PARZIVAL Nein.

GINOVER Einen Handstand, Überschlag.

PARZIVAL Ich bin hier, um meine Ritterwürde abzuholen.

CARNAC Ein Narr ist er, aber einer mit Vorsätzen und Ausdauer.

PARZIVAL Ich bin ein König. Genau wie du.

KEYE Werft ihn doch hinaus.

CARNAC Er fürchtet, Cunneware könnte noch über die Späße lachen, und Keye wäre seine Arbeit los.

SEGRAMORS Dann müsste er vom warmen Ofen in die Wälder. Sei also besser still, Narr, sonst kriegst du seinen Zorn zu spüren.

CARNAC Oder seinen Wanst.

ARTUS Du bist schon König, und willst noch Ritter werden.

PARZIVAL Ist das schlimm.

GINOVER Wie heißt dein Königreich.

SEGRAMORS Nach seiner Kleidung muss er der Herr der Pfulmen sein, der Herrscher der Schlummerrolle, seine Majestät, der König der Gänsefedern.

PARZIVAL Ich bin der König von Wales und Norgal.

GINOVER Von Wales und Norgal.

CARNAC Er ist mächtiger als Ihr, Artus.

PARZIVAL Dann bin ichs eben.

CARNAC Und trotzdem willst du von ihm die Ritterwürde.

GINOVER Wisst Ihr, was ein Ritter ist.

PARZIVAL Ich bin nicht dumm.

ARTUS Wir hören.

PARZIVAL Eine Rüstung gehört dazu.

CARNAC Dann ist Keye keiner, er trägt ja nur Pantoffeln.

PARZIVAL Und ein Pferd braucht er auch.

Segramors Auf ein Pferd kommt dieser Wanst nicht mehr.

Carnac Außer, wenn man ihn hochzieht. Oder runterwirft von einem Turm.

Segramors Das Pferd, das Keye tragen kann, muss man erst züchten.

Carnac Es steht schon im Stall. Allerdings hats Hörner und heißt Ochse.

Parzival Ich weiß auch, was ein Ritter tut.

Artus Lass hören.

Parzival Er rennt Frauen hinterher.

Segramors Dann ist Keye doch ein Ritter. Er weicht der Dame schließlich nicht vom Leib.

Carnac Nein, nein, er sagte rennen, und das kann Keye nicht. Er sieht ja unterm Wanst die Beine nicht.

Parzival Ein Ritter tötet andere Ritter.

Ginover Das Übel unserer Zeit.

Carnac Darin ist Keye sehr ritterlich. Er tötet den Ritter in sich selbst, mit Fressen, Saufen, Spielen.

Ginover Es ist genug jetzt, Carnac.

Parzival Also. Gebt Ihr mir jetzt das Ding. Diese Ritterwürde.

Artus Ich besitze sie nicht.

Parzival Nicht.

Artus Ich verleihe sie nur.

Parzival Ich nehme sie auch so.

Artus Nicht an jeden.

Parzival Was muss ich tun.

Artus Du musst werden.

Carnac Aber nicht wie Keye.

Artus Fromm. Edel. Streng. Und heiter im Gemüt.

Segramors Heiter ist er.

Parzival Wie werde ich fromm und edel und streng.

Artus Du musst verstehn.

Parzival Wie geht das.

Artus Wachsen musst du, dich prüfen, in die Welt fahren, Abenteuer bestehen.

PARZIVAL Und dann bekomme ich sie.

ARTUS Dann ereilt dich vielleicht die Gnade.

PARZIVAL Ist das schlimm.

ARTUS Warum willst du Ritter werden.

PARZIVAL Weil ich eine Rüstung will.

ARTUS Eine Rüstung.

PARZIVAL Die vom roten Ritter.

ARTUS Ithers. Die bringt kein Glück.

PARZIVAL Er sagt, Ihr seid ein Räuber.

ARTUS Ein trauriger Mensch ist das, mein Kind.

PARZIVAL Er wartet draußen und will kämpfen. Mit jedem, der sich traut.

SEGRAMORS Also, wer traut sich.

KEYE Kämpft ihr doch gegen Ither, Carnac, oder habt ihr Angst, er könnte euch zerdrücken, wie eine Wanze oder Laus.

ARTUS Ither ist entehrt, und jeder, der mit ihm kämpft.

PARZIVAL Ich würds sehr gerne tun.

ARTUS Du. Du weißt nicht, was du sagst.

KEYE Lasst ihn doch, was kümmert es uns.

ARTUS Der Junge wäre tot.

KEYE Und wenn schon, was verlieren wir mit ihm. Man muss Hunde aufs Spiel setzen, wenn man den Eber jagen will.

SEGRAMORS Und wenn er siegt, trotz allem, seid Ihr den roten Ritter los.

ARTUS Junge, Ither ist entehrt, aber nicht ohne Kraft. Wenn Ihr es wagt, so habt Ihr meinen Segen.

PARZIVAL Und die Rüstung.

KEYE Als Preis.

ARTUS So sei es.

CARNAC Er redet viel und vergisst seine Pflicht.

GINOVER Cunneware. Sie lacht.

KEYE Sie lacht.

GINOVER Sie hat jenen erblickt, dessen Ruhm am höchsten sein wird.

KEYE Wir hatten Könige, Grafen, Herzöge, Bischöfe und
Pfaffen. Und nie hat sie gelacht. Machte ein Gesicht, dass
einem das Leben verleidet. Dann kommt ein Idiot mit Nar-
renkappe, und ihr Gesicht erstrahlt, als hätte sie den Früh-
ling erblickt.

CARNAC Lasst das, Keye.

GINOVER Dass Ihr sie prügelt, Keye, seinetwillen, das wird
der Junge eines Tages an Euch rächen.

KEYE Ich erfülle meine Pflicht. Wer einen Eid tut, hat ihn
zu halten, das werde ich ihr einbläuen, bis auf die Knochen.

CARNAC Er dreht sich ihr Haar um die Hand.

SEGRAMORS Dass sich die Zwinge erübrigt.

CARNAC Und nun schwenkt er sie wie eine Türe.

SEGRAMORS Was ist das. Singt er dazu.

CARNAC Das ist die Rute.

SEGRAMORS Ihr Rücken ist doch kein Trommelfell.

CARNAC Ich wusste nicht, dass Cunneware Wäsche aus
rotem Samt trägt.

SEGRAMORS Es ist das Blut, es färbt das Leinen rot.

✳ ✳ ✳

PARZIVAL Die sind nicht nett.

ITHER Ich sags dir doch.

PARZIVAL Die schlagen eine Frau halb tot, bloß weil sie gelacht hat.

ITHER Wer hat gelacht.

PARZIVAL Eine Frau mit drei Zähnen.

ITHER Cunneware hat gelacht. Das würde heißen, dass du
meine und alle Schmach tilgen, und was schief ist, wieder
ins Lot bringen würdest, du, kleiner Mensch, wärst jener,
der diese Welt hier, aus den Fugen geraten, geraderückte.
Der Erlöser wärst du, in ein Kissen gekleidet.

PARZIVAL Dann bin ichs eben.

ITHER Hast du ihnen meine Nachricht überbracht.

PARZIVAL Sie wollen nicht kämpfen. Sie sagen, du hättest keine Ehre.

ITHER Feiglinge sind es, nichts weiter.

PARZIVAL Ich werde mit dir kämpfen.

ITHER Du.

PARZIVAL Artus hats erlaubt.

ITHER So niederträchtig sind sie, schicken einen Knaben vor, dass ich mich dran verschuldige.

PARZIVAL Als Belohnung bekomme ich deine Rüstung.

ITHER Geh nach Hause, Kind. Du weißt nicht, wer Ither ist.

PARZIVAL Du bist Ither.

ITHER Man kann mich nicht bezwingen.

PARZIVAL Gib du mir deine Rüstung. Artus hat sie mir geschenkt.

ITHER Er hat sich einen Scherz erlaubt.

PARZIVAL Du bist feige, wenn du nicht kämpfst.

ITHER Womit willst du denn kämpfen. Mit deinem Zündholz.

PARZIVAL Ich schieße damit den Vögeln die Augen aus dem Kopf.

ITHER Ich sehe keine Vögel.

PARZIVAL Deine Augen sind nicht kleiner.

ITHER Tritt zur Seite.

PARZIVAL Ich töte dich.

ITHER Was ist das. In meinen Augen. Ich. Was tust du.

PARZIVAL Versuch doch aufzustehen. Bitte.

ITHER Ich kann nicht.

PARZIVAL Du nimmst mir den ganzen Spaß.

ITHER Lass mir meinen Helm.

PARZIVAL Ich will sehen, wie sich deine Augen ins Weiße verdrehen. Das ist lustig. He. Jetzt bist du tot.

***

IWANET Was tust du.

PARZIVAL Ich nehme mir meinen Preis.

78

IWANET Du schneidest den roten Ritter in kleine Stücke.

PARZIVAL Die großen passen nicht durch die Rüstung.

IWANET Wie ein Tier hast du ihn getötet, mit einem Spieß, der für das Wild bestimmt ist, nicht für Ritter.

PARZIVAL Hilf mir beim Anziehen.

IWANET Du musst dein Kleid ausziehen.

PARZIVAL Das werde ich nicht.

IWANET Ein Narr in Rüstung.

PARZIVAL Das gab mir meine Mutter. Ich will meinen Spieß.

IWANET Ein Ritter hat keinen Spieß.

PARZIVAL Bin ich ein Ritter.

IWANET Du hast ein Pferd, ein Schwert und eine Rüstung.

PARZIVAL Und das.

IWANET Eine Lanze. Damit erstichst du dir Damen.

PARZIVAL Gut. Geh zu Artus und bestelle ihm Folgendes. Ich habe, was ich will, doch trage ich eine Schmach. Eine Frau wurde meinetwegen geschlagen. Sie hat mir ein Lächeln geschenkt und hat schuldlos gelitten. Ich werde es rächen. Hörst du. Lasse nichts weg und füge nichts hinzu.

IWANET Was machen wir mit ihm.

PARZIVAL Die Fliegen werden sich darum kümmern.

**

GINOVER Tot. Ither von Gaheviez. Du warst ein guter Mann. Die Frauen weinen um dich. In Stücken liegst du auf dem Feld. Was wird aus uns, wenn die Besten hingemetzelt werden von schmutzigen Kindern in Narrenkappen. Was haben wir getan, Gott, dass du die Frommen wildem Tier zum Fraß vorwirfst. Wenn Ither dich beleidigt hat, dann haben wir dich alle beleidigt. Wenn diese unschuldige Seele dir nicht genügt, was kann dir dann genügen. Wenn Ither dies hier verdient hat, dann musst du uns alle verteilen auf dem Acker. Hörst du, Gott, diese Welt liegt in Stücken, sollen wir alle in Stücken liegen wie dieser Ritter hier, Ither von Gaheviez.

VIERTENS. BEI GURNEMANZ.

* * *

PARZIVAL Meine Mutter schickt mich zu Euch.

GURNEMANZ Deine Mutter.

PARZIVAL Sie sagt, ich solle jedem gehorchen, der grau und greise ist.

PAGE Ich kenne diese Rüstung. Sie gehört Ither.

PARZIVAL Er braucht sie nicht mehr.

GURNEMANZ Was ist mit ihm.

PARZIVAL Das war so. Ich wollte seine Rüstung, ich hatte auch ein Recht darauf, weil nämlich König Artus mir die Rüstung versprochen hat.

PAGE Du warst an seiner Tafelrunde. Das kann nicht sein.

PARZIVAL Doch. Aber der Ither wollte sie mir nicht geben, da habe ich meinen Wurfspieß genommen, und die Vögel wissen, dass ich alles treffe, aber er hats erst geglaubt, als er sich am Boden wälzte. Hier. Seht. Da klebt am Helm ein Stück von seinem Auge.

GURNEMANZ Der edle Ither, von einem Wurfspieß getötet, erlegt wie ein wildes Tier.

PARZIVAL Ist das schlimm.

GURNEMANZ Einen großen Mann hast du getötet für ein bisschen Eisen.

PARZIVAL Ist doch selbst schuld. Hätte mir halt die Rüstung geben sollen.

GURNEMANZ Wer hat dich gelehrt, mit Gewalt zu nehmen, was dir nicht zusteht.

PARZIVAL Weiß jetzt gerade nicht, was ihr da meint, mit diesem Wort.

GURNEMANZ Mit welchem Wort.

PARZIVAL Was das ist, Gewalt.

PAGE Herr, gebt acht, er ist behindert. Behindert und gefährlich.

GURNEMANZ Junge. Wer bist du.

PARZIVAL Als ich das letzte Mal darauf antwortete, hat man mich ausgelacht.

GURNEMANZ Wo war das.

PARZIVAL Bei Artus.

GURNEMANZ Artus hat gelacht.

PARZIVAL Eine Frau mit Namen Cunneware.

PAGE Cunneware lacht nicht.

PARZIVAL Sie tats aber.

GURNEMANZ Wenn das stimmt, dann wärst du nach der Weissagung der Erretter.

PARZIVAL Welche Weissagung.

PAGE Die Hexe Kundrie hats gesprochen, es sei die Welt in Aufruhr, bis der neue König komme und Cunneware wieder lache.

PARZIVAL Ein schönes Gesicht hat sie, aber nur drei Zähne.

PAGE Der Edelste der Edlen. Der Frommste der Frommen. Der Kühnste der Kühnen.

PARZIVAL Macht mir nichts aus.

PAGE Du sprichst wie ein Bauer.

PARZIVAL Ich bin ein König.

PAGE Unsere Schweine sind reinlicher als du, die Ochsen haben mehr Feingefühl.

GURNEMANZ Und doch hat Cunneware gelacht.

PAGE Wie man über Narren lacht.

GURNEMANZ Der Herr weiß, warum er ihn zu mir führt.

PAGE Was habt Ihr vor.

GURNEMANZ Wir nehmen diese Aufgabe an und tun, was wir zu tun vermögen. Zuerst wollen wir ihn waschen, einkleiden, dann werden wir ihn lehren, auch du, zeigen, was wir kennen, beibringen, was wir wissen, er wird essen, wie wir essen, er soll schreiben lernen, mit geziemlichen Waffen kämpfen, aufrecht, aufrichtig, und vor allem, ganz zuerst, sollst du beten lernen.

PARZIVAL Warum.

GURNEMANZ Willst du ein Ritter sein.

PARZIVAL Ja.

GURNEMANZ Willst du der Rote Ritter sein.

PARZIVAL Ja.

GURNEMANZ Dann benimm dich wie ein Ritter. Zieh die Rüstung aus. Man trägt unter Freunden keinen Harnisch. Was ist das da. Was du da trägst.

PARZIVAL Meine Mutter hat es mir gegeben.

PAGE So kleidet man nur Idioten.

PARZIVAL Was ist ein Idiot.

GURNEMANZ Ein dummer Mensch. Was ist.

PAGE Was riecht hier so.

GURNEMANZ Wenn dus nicht bist, dann muss er es sein. Man bringe heißes Wasser.

PARZIVAL Wer sind diese Mädchen.

GURNEMANZ Liase, meine Tochter, mit ihren Damen.

PARZIVAL Was wollen sie von mir.

GURNEMANZ Sie werden dich waschen. Zieh dich aus. Und das Zeugs kommt weg.

PARZIVAL Das nicht, das will ich behalten.

GURNEMANZ Willst du ein Ritter sein oder ein Narr.

PARZIVAL Meine Mutter hat es mir gegeben.

GURNEMANZ Schrubbt ihn gut. Wir wollen sehen, was unter dem Dreck zutage kommt. Und dann bringt das Essen.

***

PAGE Er frisst wie ein Schwein.

GURNEMANZ Ein Ritter schlürft die Suppe nicht. Er putzt den Mund nicht mit dem Ärmel ab. Er schmatzt nicht.

PARZIVAL Wasch ischt schmatschen.

GURNEMANZ Er spricht auch ganz bestimmt nicht mit vollem Mund. Er hält den Kopf gerade, und den Rücken. Sehr gut. Viel besser. Der Ritter hält sich vom Tiere fern, er beschmutzt sein Herz nicht durch schlechte Sitten. Mit deinem Aussehen, deinem Wuchs, kannst du etwas Großes werden, aber du wirst es nicht, wenn du nicht edel bleibst, nach oben strebst, dem Himmel zu. Gerechtigkeit, Barmherzigkeit, Milde gegen Feinde, das alles verschafft euch erst die Gnade Gottes, ohne die ihr auf der Stufe eines Wurms im Erdloch bleiben müsst. Und nein, mein Kind, man trinkt die Suppe nicht aus dem Teller, und nein, hörst du, man taucht den Kopf auch nicht hinein. Bist du ein Schwein.

PAGE Er hört nicht.

GURNEMANZ Er hört nicht.

PAGE Er ist im Teller eingeschlafen.

GURNEMANZ Weckt ihn. Wir wollen weitermachen. Schlafen kann er später. Er hat noch viel zu lernen.

PARZIVAL Ich muss schlafen.

GURNEMANZ Schäm dich, roter Ritter, schäm dich. Eine Schande bist du für deinen Stand. Schäm dich.

PARZIVAL Zeigt Ihr mir, wie das geht.

GURNEMANZ Du weißt nicht, was Scham ist.

PARZIVAL Nicht ganz genau.

GURNEMANZ Du musst begreifen, dass du voller Sünde bist.

PARZIVAL Was ist Sünde.

GURNEMANZ Was der Teufel in die Welt brachte.

PARZIVAL Und das ist in mir.

GURNEMANZ Bis oben hin.

PARZIVAL War das in der Suppe, oder wie kommt es da hinein.

GURNEMANZ Es war da drin von Anfang an, und jetzt tröpfelt es in dich ohne Unterlass.

PARZIVAL Ich merke nichts davon.

GURNEMANZ Natürlich merkst du es. Du hast ein Gewissen.

PARZIVAL Aha. Was ist das.

GURNEMANZ Die Stimme in deinem Innern.

PARZIVAL Die ist auch in mir drin.

GURNEMANZ Natürlich.

PARZIVAL Da ist aber viel in mir drin.

GURNEMANZ Sei froh. Was sagt sie.

PARZIVAL Wer.

GURNEMANZ Die Stimme deines Gewissens.

PARZIVAL Weiß ich nicht.

GURNEMANZ Schweig. Horche. Dann rede.

PARZIVAL Ich hör schon etwas.

GURNEMANZ Gut.

PARZIVAL Aber das behalt ich besser für mich.

GURNEMANZ Los.

PARZIVAL Sags ihm doch, sags ihm doch.

GURNEMANZ Ja, sags.

PARZIVAL Er wirds verstehen, er will dir Gutes, und du kannst ja nichts dafür, aber wenn er dann doch schimpft, oder mich vielleicht vor die Tür setzt, und dann werd ich kein Ritter, verstehst du, ich warte noch ein bisschen, das werd ich schon schaffen, nur noch ein kleines Weilchen.

GURNEMANZ Das Gewissen kämpft.

PARZIVAL Aha.

GURNEMANZ Es will, dass du die Wahrheit sagst.

PARZIVAL Ja.

GURNEMANZ Was ist die Wahrheit.

PARZIVAL Ich muss kacken.

GURNEMANZ Kacken.

PARZIVAL Das ist die Wahrheit.

GURNEMANZ Du wagst es.

PARZIVAL Nicht ich, mein Herr, ich doch nicht, mein Gewissen sagt das.

GURNEMANZ Du bist verdorben.

PARZIVAL Ist das schlimm.

GURNEMANZ Ich setze dich hinaus, zurück in die Wälder, wo du hingehörst.

PARZIVAL Tut das nicht, bitte, Herr, meine Mutter wäre sonst sehr böse, weil Sie doch alt sind und grau, und Mutter hat gesagt.

GURNEMANZ Mutter hat gesagt, Mutter hat gesagt. Ich kann es nicht mehr hören. Deine Mutter ist nicht hier, sie wird dir nicht helfen.

PARZIVAL Aber.

GURNEMANZ Ich will nichts mehr von deiner Mutter hören,

überhaupt nichts will ich hören. Weiber reden ohne Unterlass, aber ein Mann wirkt durch sein Schweigen.

PARZIVAL Herr. Was soll ich tun.

GURNEMANZ Zuallererst stell keine Fragen.

PARZIVAL Warum.

GURNEMANZ Hörst du nicht. Stell keine Fragen.

PARZIVAL Aber.

GURNEMANZ Sprich wenig. Beobachte. Denk nach. Dann wirst du das Meiste begreifen.

PARZIVAL Und das andere.

GURNEMANZ Wieder eine Frage.

PARZIVAL Verzeiht.

GURNEMANZ Ich gebe dir eine allerletzte Chance. Es ist nicht viel, das man wissen muss. Bete. Bekenne, dass du ein Sünder bist.

PARZIVAL Ich bekenne, dass ich ein Sünder bin.

GURNEMANZ Nicht jetzt, Tölpel. Jetzt hörst du zu.

PARZIVAL Ja.

GURNEMANZ Kämpfe, aber kämpfe aufrecht, und wenn dein Gegner vor dir am Boden liegt und um Gnade fleht, dann sei barmherzig. Barmherzig, verstehst du, barmherzig. Töte ihn nicht. Gib ihm eine Aufgabe und lasse ihm das Leben.

PARZIVAL Gut.

GURNEMANZ Und wenn du abends die Rüstung ablegst, dann wasch dir den Schmier vom Leib. Liase lässt dich sonst nicht in ihr Bett. Und was wollen wir jetzt tun.

PARZIVAL Vielleicht ein bisschen kämpfen.

GURNEMANZ Kämpfen.

PARZIVAL Ritter kämpfen doch, nicht wahr.

※ ※ ※

PAGE Herr. Er wütet seit Stunden.

GURNEMANZ Er soll sich erschöpfen.

PAGE Er schlägt unsere besten Männer kaputt. Müde scheint er nicht, im Gegenteil.

GURNEMANZ Bald wird er offen sein und bereit.

PAGE Bereit wozu.

GURNEMANZ Meine Söhne sind erschlagen. Ich brauche einen
Erben.

PAGE Herr, aber doch nicht diesen Rüpel.

GURNEMANZ Er kämpft gut. Wir hätten nichts mehr zu fürchten.

PAGE Er ist noch grün.

GURNEMANZ Das trifft sich gut, Liase ist es auch.

***

PARZIVAL Was hast du da.

LIASE Nichts.

PARZIVAL Das ist doch eine Beule.

LIASE Mein Vater hat mich gemahnt. Wenn ich dein Herz
nicht gewinne und du mich nicht heiratest, dann komme
ich zu den frommen Frauen.

PARZIVAL Ist das schlimm.

LIASE Ich möchte leben, nicht beten.

PARZIVAL Dann heirate mich eben.

LIASE Magst du mich.

PARZIVAL Weiß ich nicht. Ich kenn dich nicht.

LIASE Mein Vater will, dass du mein Mann wirst.

PARZIVAL Warum.

LIASE Damit er einen Erben und sein Reich einen Herrn hat.
Was tust du mit deiner Stirn die ganze Zeit.

PARZIVAL Gurnemanz hat da eine Falte. Die will ich auch.

LIASE Das ist keine Absicht, der Kummer grämt ihn. Er hat
alle drei Söhne verloren.

PARZIVAL Wo.

LIASE In der Schlacht. Zuletzt fiel Gentilfleur bei Beaurepaire.

PARZIVAL Wohin.

LIASE Wohin.

PARZIVAL Wohin fiel er.

LIASE Unter Klamides Schwert starb er.

PARZIVAL Was tust du. Was rüttelt so an dir.

LIASE Du bist so schön.

PARZIVAL Ist das schlimm.

LIASE So schön. Und so. Dumm. Ich kann dich nicht heiraten.

PARZIVAL Warum nicht.

LIASE Du würdest.

PARZIVAL Wenn du mir zeigst, wies geht.

LIASE Schenk mir einen Ring als Zeichen deiner Liebe.

PARZIVAL Hier.

LIASE Meinst du es ernst.

PARZIVAL Warum nicht.

LIASE Steck ihn mir an den Finger.

PARZIVAL Warum.

LIASE Es sollen alle sehen, wem ich versprochen bin. Jetzt musst du mich küssen.

LIASE Was ist das.

PARZIVAL Ich mags auch nicht besonders. Von mir aus können wir es lassen. Jetzt rüttelt es wieder an dir.

LIASE Dein Mund spricht so roh, aber er küsst so zart, wie kann das sein. Du musst mich lieben, ja, du musst mich lieben.

***

GURNEMANZ Kinder. Ich gebe euch meinen Segen.

PARZIVAL Da ist noch etwas, Herr.

GURNEMANZ Rede.

PARZIVAL Ich muss erst Ritter werden.

GURNEMANZ Ich schlage dich zum Ritter.

PARZIVAL Ein Ritter an Artus Tafelrunde.

GURNEMANZ Liase trägt deinen Ring.

PARZIVAL Dann nehm ich ihn wieder.

GURNEMANZ Du entehrst sie.

PARZIVAL Ist das schlimm.

GURNEMANZ Du entehrst mich, und dich dazu.

PARZIVAL Das macht mir nichts.

GURNEMANZ Wie willst du Ritter werden ohne Ehre.

PARZIVAL Das geht nicht.

GURNEMANZ Gewiss nicht.

PARZIVAL Dann soll sie den Ring behalten.

GURNEMANZ Du wirst meine Tochter heiraten.

PARZIVAL Wenn ich dann Ritter werd.

GURNEMANZ Gib mir dein Wort darauf.

PARZIVAL Welches Wort.

GURNEMANZ Dein Ehrenwort.

PARZIVAL Wo hab ich das.

GURNEMANZ Sprich mir nach. Ich gebe mein Ehrenwort. Sprich mir nach. Ich.

PARZIVAL Ich.

GURNEMANZ Ich, Parzival, gebe mein Ehrenwort.

PARZIVAL Ich, Parzival, gebe mein Ehrenwort.

GURNEMANZ Dass ich deine Tochter heiraten werde.

PARZIVAL Dass ich deine Tochter heiraten werde.

GURNEMANZ Damit hast du deinen Eid geleistet.

PARZIVAL Was ist ein Eid.

GURNEMANZ Ein Wort, das immer gilt.

PARZIVAL Und das funktioniert. War gar nicht schwer.

GURNEMANZ Frau und Mann, das weißt du doch, sind eins, wie Sonne und das Licht eins sind, es lässt sich nichts vom anderen trennen.

PARZIVAL Gebt mir Mutters Kleider zurück. Die Kappe und das Kissen.

LIASE Wo will er hin.

GURNEMANZ Bringt das Zeug.

PARZIVAL Dann wünsche ich allseits einen erfüllten Tag.

LIASE Er darf nicht gehen.

GURNEMANZ Er kommt zurück, er hats geschworen.

*** *

PARZIVAL Parzival. Parzival. Hörst du mich.

Wer spricht da.

Wohin willst du, warum reitest du davon.

Wie kommst du in mich hinein. War das mein Vater.

Ich gehör zu dir wie Arm und Bein und Kopf. Immer war ich da, bloß gehört hast du mich nicht.

Ach, schweig, es geht mir besser ohne dich, ich kann kaum den einen Fuß vor den anderen setzen.

Es ist dieser Schmerz, der den Menschen erst ganz macht.

Ganz. Er macht mich nicht ganz. Es fühlt sich an, als reiße man mich in Stücke. Da vorne ist die Welt, aber nach hinten reißen mich tausend Gedanken zurück zu diesem Mädchen, ich sehe seine Haut, die Augen und das Haar. Ich denke doch das alles nur, und trotzdem schmerzt es, als ob mein Herz in Nesseln läge.

Gut.

Sei still. Ich muss weiter, was soll ich mit Liase, sie macht mich nicht zum Ritter. Meld dich, wenn ich kacken muss. Sonst schweig, hörst du, schweig jetzt.

***

PARZIVAL Ich weiß zwar nicht, wie dieser Ort heißt, aber wenn ich lange genug nachdenke, dann werde ich darauf kommen.

ERSTER RITTER Das Schloss heißt Beaurepaire.

PARZIVAL Wo der edle Gentilfleur fiel.

ERSTER RITTER Und viele andere.

PARZIVAL Und auch, warum Ihr so schrecklich abgemagert seid, wird mir noch dämmern.

ZWEITER RITTER Wir essen nicht.

ERSTER RITTER Jetzt schweigt Ihr.

PARZIVAL Ich beobachte. Damit ich errate, warum Ihr nicht esst.

ZWEITER RITTER So. Und was sagt Euch die Beobachtung.

PARZIVAL Ich werds bald haben.

ZWEITER RITTER Vielleicht, dass wir nichts essen, weil wir nichts zu essen haben.

PARZIVAL Aha.

ERSTER RITTER Wir haben kein Brot gesehen seit drei Wochen.

PARZIVAL Dann esst Fleisch. Oder Bohnen.

ERSTER RITTER Keine Bohnen. Auch kein Fleisch.

PARZIVAL Aha.

ZWEITER RITTER Jetzt fragt Ihr Euch wohl, warum uns das Futter fehlt.

PARZIVAL Ein Ritter fragt nicht.

ERSTER RITTER Beaurepaire wird belagert.

PARZIVAL Belagert.

ERSTER RITTER Klamides Armee liegt vor den Toren.

PARZIVAL Und diese Toten wurden erschlagen.

ERSTER RITTER Verhungert sind sie. Die Not hat ihnen alles

Fleisch vom Knochen genagt. Nichts ließ er uns übrig. Sie hätten früher sterben müssen.

Parzival Und doch sehen die Leichen gesünder aus als Ihr. Esst Ihr in Eurer Not Asche und Lehm, dass Eure Haut so fahl ist und so gelb. Halt. Das war keine Frage, es klang nur so.

Erster Ritter Ich führe Euch zur Herrin.

* * *

Erster Ritter Er spricht nicht viel, ich sags Euch gleich.

Conduireamour Wie heißt du. Wo kommst du her. Weshalb sprichst du nicht.

Parzival Wenn ich antworten würde, dann müsste ich sprechen, und ich schweige doch gerade, weil ich nicht sprechen will.

Conduireamour Und warum willst du nicht sprechen.

Parzival Ritter reden nicht viel. Daran hat mich Gurnemanz noch heute früh bei meiner Abreise erinnert.

Conduireamour Von Gurnemanz kommst du. Noch heute früh. Einen solchen Ritt schaffen meine besten Boten nicht.

Parzival Aber ich bin ja nicht Ihre besten Boten. Ich bin Parzival.

Conduireamour Und Sie müssen hungrig sein. Doch es tut mir leid, ich kann Ihnen nichts anbieten.

Erster Ritter Herrin, viel wird es nicht sein, aber ich will sehen, was sich in meiner Speisekammer noch finden lässt.

Zweiter Ritter Das eine oder andere Rippchen und ein Fässchen Wein wird sich noch finden.

Conduireamour Setzt Euch. Und erzählt von Gurnemanz. Seine Schwester war meine Mutter. Wie geht es ihm.

Parzival Das weiß ich nicht.

Conduireamour Aber Ihr habt ihn doch heute früh gesehen.

Parzival Wer weiß, was in einem Tag geschehen kann.

Conduireamour Das ist wohl wahr. Wir glaubten hier oft

morgens nicht, dass unser Elend am Abend noch größer sein würde. Und doch war es so. Gurnemanz hat Euch also aufgenommen.

PARZIVAL Nein, ich durfte bei ihm wohnen.

CONDUIREAMOUR Aber er hat Sie doch unterwiesen.

PARZIVAL Das hat er leider nicht. Aber gelehrt hat er mich alles.

CONDUIREAMOUR Ich glaube, da kommt unser Abendbrot. Und. Wo ist das Essen.

ERSTER RITTER Herrin. Sie müssen uns verzeihen.

CONDUIREAMOUR Es war also nichts übrig.

ZWEITER RITTER So kann man das nicht sagen.

ERSTER RITTER Ein halber Schinken war noch da.

ZWEITER RITTER Bei mir ein bisschen Backwerk und auch Wein.

CONDUIREAMOUR Dann wollen wir uns setzen.

ERSTER RITTER Es war noch da, als wir das Haus verließen.

ZWEITER RITTER Sie müssen sehen, Herrin, so ein Schinken scheint zwar ziemlich groß zu sein.

ERSTER RITTER Man denkt sich, ein kleiner Bissen davon für auf den Weg darf man sich erlauben.

ZWEITER RITTER Aber der Weg wird plötzlich lang.

ERSTER RITTER Und der Schinken ziemlich klein.

ZWEITER RITTER Das Herz bereut jeden Bissen.

ERSTER RITTER Aber es ist nun einmal kleiner als der Magen.

ZWEITER RITTER Der zudem kein Gewissen kennt.

CONDUIREAMOUR Ihr habt alles aufgegessen.

ERSTER RITTER Ich bitte Sie, Herrin.

ZWEITER RITTER Wie können Sie nur so von uns denken.

ERSTER RITTER Wir dachten an Sie und Ihren Gast.

CONDUIREAMOUR Dieses Schnittchen. Ist das alles.

ERSTER RITTER Wir wollten nicht, dass Ihr Euch überesst.

ZWEITER RITTER Völlerei ist eine Sünde.

CONDUIREAMOUR Es ist zu klein, um es durch zwei zu teilen.

ERSTER RITTER Das wird nicht nötig sein.

ZWEITER RITTER Ihr Gast wird nicht mehr essen.

CONDUIREAMOUR Wie kann das sein.

ZWEITER RITTER Wer schläft, spürt keinen Hunger.

* * *

PARZIVAL Wer da.

CONDUIREAMOUR Erschreckt euch nicht. Ich bin es nur.

PARZIVAL Ihr seid es.

CONDUIREAMOUR Ich finde keinen Schlaf.

PARZIVAL Ihr kniet auf dem Boden. Kommt zu mir ins Bett.

CONDUIREAMOUR Das kann ich nicht.

PARZIVAL Es gibt genug Platz für zwei.

CONDUIREAMOUR Ich bin die Königin.

PARZIVAL Ich wusste nicht, dass eine Königin in keinem Bette schlafen darf.

CONDUIREAMOUR In einem Bett schon, aber nicht in Eurem.

PARZIVAL Es ist nicht meins. Es gehört doch ihnen.

CONDUIREAMOUR Nicht in einem Bett, in dem du schläfst.

PARZIVAL Aber ich schlafe nicht.

CONDUIREAMOUR In dem du liegst.

PARZIVAL Dann kann ich stehen. Oder knien. Jetzt lacht Ihr.

CONDUIREAMOUR Tatsächlich. Ich habe lange nicht gelacht.

PARZIVAL Und dabei habt Ihr schöne Zähne.

CONDUIREAMOUR Ihr führt doch was im Schilde.

PARZIVAL Einen Drachen mit drei Köpfen, und rot ist er.

CONDUIREAMOUR Wenn Ihr auch so feurig seid, dann komm ich nicht.

PARZIVAL Keine Sorge, ich habe bloß einen Kopf, und manche sagen, nicht einmal das sei sicher.

PARZIVAL Was war das.

CONDUIREAMOUR Wohl der Hahn.

PARZIVAL Er schreit seltsam, wie ein Plumps.

CONDUIREAMOUR Der Hunger hat ihn von der Stange geholt. Er hat das Leiden hinter sich.

PARZIVAL Was schaust du so.

CONDUIREAMOUR Du bist so roh, so ungeschlacht, so gar nicht fein, aber wenn ich in deine Augen schaue, dann sehe ich etwas. Es ist hell, fast weiß, es zittert und schreit nach Wärme.

PARZIVAL Du siehst dein Spiegelbild.

CONDUIREAMOUR Mir ist kalt.

PARZIVAL Dann rück näher. Du weinst.

CONDUIREAMOUR Du riechst gerade wie. Wie Gentilfleur, Sohn von Gurnemanz, Bruder von Liase.

PARZIVAL Ich bitte dich, nicht dieser Name.

CONDUIREAMOUR Er war mir versprochen. Klamide hat ihn erschlagen.

PARZIVAL Der die Burg belagert.

CONDUIREAMOUR Nicht die Burg, mich belagert er. Nur meinetwegen verhungern die Leute. Ich werde mich vom Turm stürzen, dann kann er eine Tote freien.

PARZIVAL Wenn du mich bittest, spalte ich ihm morgen früh den Schädel.

CONDUIREAMOUR Du redest. Keiner hat Klamide je besiegt.

PARZIVAL Dann wird es langsam Zeit.

CONDUIREAMOUR Er wird dich töten, wie er meine besten Männer getötet hat.

PARZIVAL Das ist nicht möglich.

CONDUIREAMOUR So. Und warum nicht.

PARZIVAL Weil ich keinen Kampf verlieren kann.

CONDUIREAMOUR So. Und warum nicht.

PARZIVAL Weil ich bei jedem vom ersten Augenblick die weiche, ungeschützte Stelle sehe und draufhalte.

CONDUIREAMOUR Und wo ist meine weiche, ungeschützte Stelle.

PARZIVAL Das weiß ich nicht. Bei Frauen erkenne ich es nicht.

CONDUIREAMOUR Ein Glück. Sonst müsste ich mich fürchten.

PARZIVAL Du gehst weg.

CONDUIREAMOUR Bald geht die Sonne auf. Die Zofen sollen sich nichts denken.

PARZIVAL Weil der Hahn nicht schreit.

CONDUIREAMOUR Weil ich nicht in meinem Bett bin.

PARZIVAL Ich gehe und sage, dass du bei mir bist.

CONDUIREAMOUR Unterstehe dich.

PARZIVAL Damit sie dich nicht suchen.

CONDUIREAMOUR Treibst du Späße, oder denkst du dir nichts dabei. Lass mich jetzt. Und du musst schlafen, Klamide wird bestimmt nicht müde sein. Hörst du die Glocken. Sie rufen dich. Ich werde für dich beten.

✲ ✲ ✲

PARZIVAL Seltsam, gestern habe ich diesen Wald gar nicht bemerkt.

ZWEITER RITTER Das ist kein Wald.

PARZIVAL Aber da sind so viele Bäume.

ZWEITER RITTER Soldaten sind das. Klamides Soldaten.

PARZIVAL Sie stehen am Horizont und rühren sich nicht.

ERSTER RITTER Sie warten auf den Ausgang des Kampfes.

PARZIVAL Es wird gekämpft. Um diese Zeit.

ERSTER RITTER Man wartet nur noch auf Sie.

PARZIVAL Dann wollen wir gleich gehen.

ERSTER RITTER Sie sehen müde aus, mein Herr.

PARZIVAL Ich habe kein Auge zugetan die letzte Nacht.

ERSTER RITTER Die Angst vorm neuen Tag hielt Sie wohl wach.

PARZIVAL Nein, eine nette Plauderei war es.

ZWEITER RITTER Sie wissen, wer draußen wartet.

PARZIVAL Ja, Klamide, aber ich möchte lieber noch etwas schlafen.

ZWEITER RITTER Wenn Sie bloß nicht bald ganz lange schlafen.

PARZIVAL Sie meinen, ich soll den Kampf verschieben und zurück ins Bett.

ZWEITER RITTER Ich meine, dass draußen auf dem Feld vielleicht bald ihr Lager sein wird.

PARZIVAL Im Gras liegt es sich ganz gut, aber ich fürchte, es wird vom Tau noch feucht sein.

ZWEITER RITTER Oder vom Blut.

PARZIVAL Hat man die Nacht gekämpft. Ich hörte nichts.

ERSTER RITTER Sie kennen wohl keine Angst.

PARZIVAL Ich habe davon gehört, aber ich weiß nicht, was die Leute damit meinen.

ERSTER RITTER Klamide alleine hat unsere Armee halbiert.

PARZIVAL Aber ich bin ja keine Armee, da gibt es also nichts zu halbieren.

ZWEITER RITTER Vielleicht den Kopf.

PARZIVAL Dann bliebe mir immer noch die Hälfte, und die Hälfte von nichts ist auch nicht viel weniger.

ERSTER RITTER Kann ich noch etwas tun.

PARZIVAL Ein paar Wachteln wären fein.

ERSTER RITTER Wachteln.

PARZIVAL Zum Frühstück. In Milch gebraten, wie meine Mutter sie mir gemacht hat. Man soll sie gleich jetzt aufsetzen, damit sie gar sind, wenn ich zurück bin.

***

KLAMIDE Bist du das. Von dem man sagt, er liege bei Conduireamour.

PARZIVAL Ich liege nicht. Ich stehe hier.

KLAMIDE Und was war letzte Nacht.

PARZIVAL Da war ich noch nicht hier.

KLAMIDE Bist du blöd.

PARZIVAL Blöd ist, wer blöde Dinge tut.

KLAMIDE Conduireamour bekommt nur mich.

PARZIVAL Aber sie will dich nicht.

KLAMIDE Sie wird mich nehmen müssen. Wenn ich nur mit dir fertig bin.

PARZIVAL Was gewinne ich bei der Sache.

KLAMIDE Du. Den Tod.

PARZIVAL Das reicht mir nicht. Ich will deine Soldaten.

KLAMIDE Welche.

PARZIVAL Alle.

KLAMIDE Eine Frau gegen zehntausend Soldaten.

PARZIVAL Was willst du noch mit ihnen. Schließlich wirst du tot sein.

＊

KLAMIDE Du hast mich besiegt. Worauf wartest du. Töte mich.

PARZIVAL Hast du einen Moment Zeit.

KLAMIDE Einen Moment.

PARZIVAL Mir liegt eine Sache schwer auf der Seele.

KLAMIDE Brings hinter dich.

PARZIVAL Es gibt eine Frau, sie heißt Cunneware. Zwanzig Jahre hat sie nicht gelacht. Das ist doch schlimm.

KLAMIDE Verschone mich mit deinen Geschichten und lass mich sterben.

PARZIVAL Aber was noch übler ist. Als sie nach zwanzig Jahren wieder lachte, tat sie es meinetwegen. Sie lächelte mir zu und wurde deswegen verprügelt wie ein Hund.

KLAMIDE Ich bitte dich.

PARZIVAL Du wirst nicht sterben. Jeder Hirsch kann sterben.

KLAMIDE Wie.

PARZIVAL Geh zu Cunneware. Sag ihr, es täte mir leid, dass sie leide. Ich hätte es in Ordnung gebracht, aber ich muss doch ein Ritter werden. Und deshalb schicke ich dich. Du bist mein Stellvertreter.

KLAMIDE Ich.

PARZIVAL Du wirst der Cunneware dienen, von jetzt an bis ans Ende.

KLAMIDE Niemals.

PARZIVAL Sprich mir nach. Hörst du. Sprich mir nach. Ich.

KLAMIDE Ich.

PARZIVAL Lauter. Der Himmel soll es hören.

KLAMIDE Ich.

PARZIVAL Gehöre.

KLAMIDE Gehöre.

PARZIVAL Dir.

KLAMIDE Dir.

PARZIVAL Dir Cunneware.

KLAMIDE Dir Cunneware.

PARZIVAL Von jetzt an bis in alle Ewigkeit.

KLAMIDE Wie.

PARZIVAL Sags.

KLAMIDE Von jetzt an bis.

PARZIVAL In alle Ewigkeit.

KLAMIDE Ja.

PARZIVAL Du sollst es sagen.

KLAMIDE Von jetzt an bis in alle Ewigkeit.

PARZIVAL Benutze mich, bespucke mich, putz deine Stiefel an mir ab, ich werds gern dulden. Sags.

***

PARZIVAL Hörst du nicht, wie sie schmatzen und rülpsen. Wir sollten zu Tisch, sie werden uns nichts übrig lassen.

CONDUIREAMOUR Man soll hinter- und nicht vorher essen.

PARZIVAL Vorher.

CONDUIREAMOUR Komm her zu mir.

PARZIVAL So.

CONDUIREAMOUR Ich werde keinem anderen gehören, als jenem, der meinen Kuss empfängt.

PARZIVAL Aber das wird doch nicht gehen.

CONDUIREAMOUR Warum nicht.

PARZIVAL Weil du doch mich geküsst hast, und das würde ja heißen, dass du mir gehören würdest, und dann könntest du ja dem anderen nicht mehr gehören.

CONDUIREAMOUR Welchem anderen.

PARZIVAL Der deinen Kuss empfangen hat. Warte. Das war ja ich.

CONDUIREAMOUR Was ist mit dir.

PARZIVAL Jetzt wird mir, glaube ich, gerade ein wenig schwindelig.

CONDUIREAMOUR Ist dir nicht gut.

PARZIVAL Wie wenn ich früher im Wald von den Pilzen gegessen habe, so schmerzt mich der Magen.

CONDUIREAMOUR Vielleicht bin ichs.

PARZIVAL Du bist kein Pilz.

CONDUIREAMOUR Die Liebe ist ein starkes Gift.

PARZIVAL Hast du deine Lippen mit dem Gift benetzt. Sie brennen so.

CONDUIREAMOUR Das sind die Küsse. Hast du nie geküsst.

PARZIVAL Sie schmeckten wie rohe Leber. Jetzt ist es anders. Als ob ich atmen würde durch dich. Ich möchte bei dir bleiben.

CONDUIREAMOUR Dann tus. Werde König auf Beaurepaire.

PARZIVAL Ich kann nicht.

CONDUIREAMOUR Liebst du mich nicht.

PARZIVAL Ich habe Gurnemanz einen Eid geleistet.

CONDUIREAMOUR Was ist es.

PARZIVAL Seine Tochter soll ich heiraten.

CONDUIREAMOUR Liase.

PARZIVAL Gibt es denn keinen Ausweg. Ich könnte sie töten. Dann wäre ich frei.

CONDUIREAMOUR Du sollst dich nicht entehren. Nicht meinetwegen.

PARZIVAL Was ist das da.

CONDUIREAMOUR Das sind deine Tränen.

PARZIVAL Ich möchte nicht mehr dumm sein.

CONDUIREAMOUR Das bist du nicht. Geh deinen Weg.

PARZIVAL Schick mich nicht fort.

CONDUIREAMOUR Du hast mich befreit, und wenn der Herr will, dass wir uns finden, wird er uns einen Weg weisen. Jetzt geh, geh zu Artus. Er soll dir geben, was dir zusteht, Ritter Parzival.

SECHSTENS. GRALSBURG.

* * *

PARZIVAL Herr. Ich bitte Sie. Seit Tagen irre ich durch diesen Wald, es scheint, als würde er nicht enden.

KNAPPE Was keinen Anfang hat, das hat auch kein Ende.

PARZIVAL Es kommt ein Baum, und dahinter noch ein Baum, oder vielleicht manchmal ein Strauch, ich finde den Ausweg nicht, und das ist doch grad wie zu Hause, aber trotzdem ist mir alles fremd, ich verstehe es nicht.

KNAPPE Dann lass das Suchen.

PARZIVAL Ich muss zu meiner Mutter.

KNAPPE Du kannst kaum gehen.

PARZIVAL Ich habe nicht gegessen, nicht geschlafen.

KNAPPE Aber sehen könnt ihr noch.

PARZIVAL Eine Burg.

KNAPPE Was zögerst du.

PARZIVAL Was ist das. Es scheint mir wie ein Traum.

KNAPPE Dagegen wäre nichts zu sagen.

PARZIVAL Ein Licht. Und Stimmen. Was ist das. Wo bin ich hier. He. Wo bin ich hier.

* * *

HÖFLING Hab keine Angst. Wir haben dich erwartet.

PARZIVAL Mich.

HÖFLING Setz dich. Wir wollen beginnen.

PARZIVAL Dieser Klang.

HÖFLING Das ist Musik.

PARZIVAL Das habe ich nie gehört. Und dort, diese Gestalten. Wie sie gekleidet sind. Das müssen Engel sein. Und Kerzen, all überall, ein Schein, so hell, als wäre es schon Tag, aber eben war noch Abend. Das ist ein Zauber, das muss es sein, oder dann ist dies der Himmel, aber dann wäre ich ja tot, das will ich nicht, ich will doch Mutter sehen, ein Ritter werden. Herr, in meiner Not rufe ich dich an.

HÖFLING Sei still. Es passiert dir nichts.

PARZIVAL Da sind Mädchen.

HÖFLING Die Gräfin von Tenabrok, und die Töchter Jernis von Ril.

PARZIVAL Nie habe ich schönere Gewänder gesehen.

HÖFLING Samt von Azagauk, Seide aus Ninive.

PARZIVAL Sie bringen Messer.

HÖFLING Aus weißem Silber.

PARZIVAL Und legen sie auf den Tisch.

HÖFLING Geschnitzt aus Granathyazinth.

PARZIVAL Ein Junge.

HÖFLING Er bringt die Lanze.

PARZIVAL Blut fließt aus ihr.

HÖFLING Wie aus einer frischen Wunde.

PARZIVAL Die Mädchen schreien.

HÖFLING Der König kommt.

PARZIVAL Ich seh ihn nicht.

HÖFLING Der Kleine, Krumme, der nicht gerade stehen kann, dessen Gesicht ein einziger Schrei ist, das ist unser König, Anfortas von Montalvesch.

PARZIVAL Er freut sich nicht am Hofstaat, an dieser Herrlichkeit.

HÖFLING Sie ekelt ihn. Das Leben ekelt ihn.

PARZIVAL Diese Feuer.

HÖFLING Und doch friert ihn die ganze Zeit.

PARZIVAL Er trägt einen Pelz.

HÖFLING Die Kälte kommt von innen.

PARZIVAL Und die Musik.

HÖFLING Sie zerstreut ihn nicht.

PARZIVAL Nun wird es hell. Und heller. Ist das die Sonne.

HÖFLING Das ist die Hüterin des Grals. Repanse de Schoye. Schlag die Augen nieder.

PARZIVAL Der Gral.

HÖFLING Der Trost der Welt. Der Seligkeiten reife Frucht. Still. Der König spricht.

PARZIVAL Ich höre nichts.

HÖFLING Er hat kaum Stimme.

ANFORTAS Wer ist das.

HÖFLING Sprich.

PARZIVAL Ich bin Parzival.

ANFORTAS Ist er hungrig.

HÖFLING Antworte.

ANFORTAS Natürlich ist er hungrig. Sieht man ihm doch an. So feist und fröhlich, da will gefuttert sein. Was will er.

HÖFLING Was willst du.

PARZIVAL Wie.

ANFORTAS Es gibt Schweinebraten, Schweinslende und Schweinsfüße. Oder lieber ein Stück vom Rind, Rinderbraten, Rinderkarree oder Ochsenschwanz, vom Kalb das Kotelett, den Kopf oder das Bries.

HÖFLING Alles gespendet vom heiligen Gral. Such dir etwas aus.

ANFORTAS Es passt ihm nicht. Gut. Wir haben auch Rehkeule, Rehrücken, vom Hirsch dasselbe, Tauben gebraten, Tauben gefüllt, Gans gesotten, gebraten, an brauner oder weißer Soße, von allen Viechern die Innereien, Rehleber, Hirschleber, Gänseleber, undsoweiter, Pilze, Schwämme und Champignons.

PARZIVAL Ich danke Ihnen.

ANFORTAS Bedanke dich bei der Schüssel. Habe ich gesagt, dass wir Pasteten haben, Hühnerpastete, Rinderpastete, Morchelpastete, alles auch als Suppe, Einlauf oder püriert. Falls du der Süße bist, so besteht daran kein Mangel. Wir haben Waldmeisterpudding, Erdbeerpudding, Himbeerpudding, Honigpudding, Mohnkuchen auch, Mandelgebäck. Schmeckts.

PARZIVAL Sehr. Aber Sie essen nicht.

ANFORTAS Ich esse nie.

PARZIVAL Dann trinken Sie mit mir.

ANFORTAS Ich trinke nie.

PARZIVAL Aber setzen Sie sich doch.

ANFORTAS Ich kann mich nicht mehr setzen. Ich kann auch kaum liegen. Jetzt schaust du. Du solltest besser riechen. Dieses Faulen, die Verwesung. Das bin ich, das ist mein Unterleib. Mir fließt das Siechtum aus dem Leib, der Ausfluss verpestet unser Dasein. Wer will essen, wenns riecht wie in einer Latrine. Für dich ist das alles eine Pracht und Herrlichkeit, die Gewänder, die Preziosen, die Speisen. Doch für mich ist es ein ewiger Hohn. Ich schlafe nicht, und keiner schläft hier, der Hofstaat lauscht meinem Stöhnen und erwartet die Erlösung. Ich kann nicht mal krepieren, und ich wünschte mir, ich könnte einem Gast wie dir die Glückseligkeit schenken, aber die ist vergiftet von meinem Leiden. Hier, mein Freund, nimm dieses Schwert, es diente mir, bevor Gott mich geschlagen hat. Es soll dir dienen, es soll dich entschädigen, dass uns die Seligkeit fehlt, die du dir wünschst.

PARZIVAL Sie gehen alle weg.

ANFORTAS Sie gehen immer, wenn ich so rede. Sie hassen mich. Sie hassen mein Leiden. Ich sag dir, wie es ist. Ich habe keinen Sohn. Ich kann keinen Sohn machen. Verstehst du.

PARZIVAL Ja.

ANFORTAS Was verstehst du.

PARZIVAL Nun.

ANFORTAS Hilf mir auf die Beine. Und in den Mantel. Hast du mir noch etwas zu sagen.

PARZIVAL Ich.

ANFORTAS Oder nicht.

PARZIVAL Ich. Ich glaube nicht.

ANFORTAS Zuerst die Herzöge, dann die Fürsten, die Damen und die Diener. Und als Letzter ich.

PARZIVAL Was war das. Wohin ist die Burg verschwunden.

KNAPPE Was tust du noch hier. Geh. Geh zum Teufel.

PARZIVAL Ich.

KNAPPE Warum hast du nicht gefragt. Ist dein Herz aus Stein, hast du nicht gesehen, wie er leidet.

PARZIVAL Ich habs gesehen.

KNAPPE Und warum fragst du nicht, in drei Gottes Namen. Du bist blöder als jede Gans.

PARZIVAL Man soll doch schweigen.

KNAPPE Wir könnten erlöst sein.

PARZIVAL Erlöst.

KNAPPE Geh doch, verrecke, verrecke wie ein Wurm, fahrt mit Eurem Hass zur Sonne, wer braucht einen Menschen ohne Mitgefühl.

PARZIVAL Was wollt ihr denn, verfluchte Menschen. Um ein Bett habe ich gebeten, ihr zeigt mir eure Pracht, ich esse eure Speisen und schweige, wie ein Ritter schweigt. Man hat mich so geheißen. Was habe ich getan. Antworte. Was habe ich zu schaffen mit euren Schwüren, Leiden, Königen. Hörst du nicht. Ich war auf meinem Weg zur Mutter, ist das ein Verbrechen. Warum sagst du jetzt nichts, du Kerl, pass auf, ich schlag dich gleich tot.

Parzival.

Und du sei still. Von dir will ich jetzt gar nichts hören. Seid still. Seid alle still. Was ist das. Ist das der Herr der Hölle, der mich prüft. Mutter. Ist das der Herr der Hölle.

※ ※ ※

PARZIVAL Du bist noch hier.

SIGUNE Wo soll ich auch hin.

PARZIVAL Du hast kaum Haare mehr.

SIGUNE Ich bete den Rosenkranz. Für ein Vaterunser reiß
ich ein Haar aus, für jedes Ave Maria eine Strähne.

PARZIVAL Du solltest ihn begraben.

SIGUNE Ich bleibe bei ihm.

PARZIVAL Die Maden fressen seine Ohren.

SIGUNE Er braucht sie nicht im Himmelreich.

PARZIVAL Du wohnst bei den Füchsen, den Wölfen, schmutzig bist du, ähnelst einem Tier.

SIGUNE Es ist das Herz, das menschlich macht. Deines ist
schwarz, ich sehs durch deine Augen.

PARZIVAL Ich war auf der Burg.

SIGUNE Es gibt hier keine Burg.

PARZIVAL Der Burg, die gleich hinter jenen Tannen liegt.

SIGUNE Es gibt hier keine Burg. Außer der Einen. Die man
nicht suchen kann.

PARZIVAL Da komm ich her.

SIGUNE Das tust du nicht.

PARZIVAL Und woher habe ich dann das Schwert.

SIGUNE Vielleicht gestohlen wie die Rüstung. Sie gehört dir
nicht. Sie gehört Ither. Als wir uns zuletzt trafen, warst du
nur dumm. Jetzt bist du dazu ein Mörder und ein Lügner.

PARZIVAL Man hat mir alles gezeigt. Die Mädchen, mit den
Messern aus weißem Silber und den Gewändern aus Seide
von Ninive.

SIGUNE Du warst nicht da.

PARZIVAL Habe alles gesehen. Auch die blutende Lanze.

SIGUNE Du hast das gesehen.

PARZIVAL Alles.

SIGUNE Das Heiligste auch.

PARZIVAL Wenn du den Gral meinst.

SIGUNE Vetter. Lieber. Gepriesen seist du. Du wurdest aus-
erwählt vom Schicksal. Ich küsse dich und bitte, küsse meinen Liebsten, vielleicht wird er gesund davon. So wie du
König Anfortas geheilt hast von seinem Leiden, an dem wir
alle trugen.

PARZIVAL Was ist mit ihm. Mit Anfortas. Warum kann er
nicht sitzen.

SIGUNE Warum fragst du mich das.

PARZIVAL Wie.

SIGUNE Er wird es dir gesagt haben.

PARZIVAL Also.

SIGUNE Du hast ihn nicht gefragt, Parzival, du hast den König nicht gefragt.

PARZIVAL Ein Ritter darf nicht fragen.

SIGUNE Hab ich dich gepriesen eben. Verfluchen sollt ich
dich. Gottes Geschick hat dich zum Gral geführt, zeigt dir
ein Leid, das größer ist als alles, aber du, mit deinem Herz
aus Stein, schweigst, obwohl die kleinste Frage die Welt er-
rettet hätte.

PARZIVAL Ich hab es nicht gewusst.

SIGUNE Zu wissen gibt es nichts, wohl aber zu fühlen. Mitleid nennt man es. Was schweigst du.

PARZIVAL Ich denke nach. Du bist klug. Du weißt alles. Und
ich bin dumm. Und weiß gar nichts. Gut. Aber mir wachsen Haare, und meine Lippen sind gesund und rot. Und du.
Kahl bist du, und deine Lippen sind blass. Was isst du. Die
Maden vom Kadaver. Du küsst eine Leiche, ihr seht euch
schon ähnlich.

SIGUNE Du stehst noch, aber du bist tot. In dir lebt nichts.

PARZIVAL Dann müsste ich dir gefallen. Du liebst doch Leichen.

SIGUNE Ja, aber du bist weniger als eine Leiche. Wohin gehst
du.

PARZIVAL Ich folge deinem Rat. Ich gehe heim. Zu Mutter.

SIGUNE Du bist zu spät. Herzeloyde ist tot.

PARZIVAL Tot.

SIGUNE Du wolltest in die Welt fahren. Ritter werden. Du hast gewusst, dass sie das nicht überlebt.

PARZIVAL Ich versuche zu verstehen. Ich versuche, das Richtige zu tun, ich lerne, aber kaum habe ich etwas gelernt, erweist es sich als falsch. Bin ich dumm. Oder seid ihr dumm.

SIGUNE Ich kann dich nicht erlösen.

PARZIVAL Wo soll ich jetzt nur hin.

SIGUNE Das weiß ich nicht.

PARZIVAL Du willst nicht, dass ich bleibe.

SIGUNE Du kannst mir nicht helfen.

PARZIVAL Wobei.

SIGUNE Beim Warten auf den Tod. Er wird mich mit meinem Liebsten vermählen.

∗∗

JESCHUTE Ich kenn dich.

PARZIVAL Ich kenn dich nicht.

JESCHUTE Du nahmst den Ring und deshalb sehe ich jetzt so aus.

PARZIVAL Was ist das.

JESCHUTE Der Balg eines Schweines, das Orilus erlegte. Er fand, die Nacktheit kleide mich zu fein.

PARZIVAL Er hat dich geschlagen.

JESCHUTE Gib mir den Ring zurück.

PARZIVAL Das kann ich nicht.

JESCHUTE Ein Räuber bist du, ein Tier. Ich werde durch die Welt getrieben, nie darf ich rasten, werd zum Frühstück verprügelt, zu Mittag verspottet und zum Abend gebunden, dass ich nachts nicht fliehe. Warum hast du mir das angetan.

PARZIVAL Meine Mutter trug mir es auf.

JESCHUTE Deine Mutter. Was ist sie. Ein Geier, eine Krähe, eine Natter.

PARZIVAL Es tut mir leid. Ich war dumm damals.

JESCHUTE Gib mir den Ring zurück.

PARZIVAL Ich habe ihn nicht mehr.

JESCHUTE Wo hast du ihn.

PARZIVAL Verschenkt habe ich ihn.

JESCHUTE Verschenkt.

PARZIVAL Und bereue es bitter.

JESCHUTE Verfluchter.

PARZIVAL Das bin ich.

***

ORILUS Was will er.

JESCHUTE Wir haben ihn gefunden, Herr.

ORILUS Gib den Ring zurück.

JESCHUTE Er hat ihn nicht mehr.

PARZIVAL Lass das Schwert stecken. Ich werde nicht kämpfen.

ORILUS Wenn du den Ring nicht mehr hast, dann gib mir wenigstens die Ehre zurück.

PARZIVAL Ich habe keine Ehre.

ORILUS Kämpfe, sag ich, du bist es mir schuldig.

***

PARZIVAL Ich lass dich leben. Wenn du sie wieder liebst.

ORILUS Das kann ich nicht.

PARZIVAL Du sollst nur fühlen, was du schon einmal fühltest.

ORILUS Du hast meine Liebe vergiftet.

PARZIVAL Es sei alles, wie es vorher war.

ORILUS Vorher.

PARZIVAL Glücklich. Und geruhsam. Friedlich.

ORILUS Du weinst.

PARZIVAL Ich will, es sei, ihr sollt euch lieben. Schwörs.

ORILUS Ich.

PARZIVAL Schwörs oder stirb.

ORILUS Ich schwörs, natürlich, ich schwörs.

PARZIVAL Jetzt geh und küss sie. Und sag. Es tut mir leid.
  Sags.

ORILUS Was tut mir leid.

PARZIVAL Sags.

ORILUS Es tut mir leid.

PARZIVAL Ich wollte dich nicht schlagen.

ORILUS Ich wollte dich nicht schlagen.

PARZIVAL Es wird alles wieder gut.

ORILUS Es wird wieder gut.

PARZIVAL Alles wird wieder gut.

ORILUS Alles.

PARZIVAL Und du. Warum schweigst du.

JESCHUTE Ich.

PARZIVAL Küss ihn. Küss ihn. Orilus.

ORILUS Ja.

PARZIVAL Putz dir erst den Mund ab. Er ist voll Blut. Gut.
  Und jetzt gib ihr deinen Mantel. Schön. Ihr seid ein schönes
  Paar, ein wirklich schönes Paar.

ACHTENS. BEI ARTUS IM FELDLAGER.

* * *

PARZIVAL Hört ihr das. Was schreit da. Da. Ein Falke. Hat sich eine Taube geschlagen. Ein Tropfen Taubenblut, gerade hier im Schnee. Und noch ein zweiter fällt dazu. Das könnten Augen sein, aber wo. Da. Ein dritter. Macht einen Mund, und ein Gesicht. Wer sieht mich an. Conduire-amour. Bist du es. Was willst du mir sagen.

SEGRAMORS Ihr da. Geht weg. Ihr seid zu nah am Lager des Königs.

PARZIVAL Lasst mich in das Gesicht meiner Liebsten sehen.

SEGRAMORS Da ist kein Gesicht. Bloß ein bisschen Taubenblut.

PARZIVAL Seht doch.

SEGRAMORS Die Liebe hat euch irr gemacht. Weg jetzt.

PARZIVAL Ich will nicht kämpfen.

SEGRAMORS Mach, dass du wegkommst.

* * *

KEYE Da hat euch einer hübsch gemacht.

SEGRAMORS Was solls. Ritterkampf ist Würfelspiel. Einer muss fallen, auch große Schiffe sinken.

KEYE Hat ein Mädchen dich verprügelt.

SEGRAMORS Ein Irrer. Er küsst den Schnee und glaubt, es ist die Liebste.

ARTUS Cunneware lacht wieder. Mit ihren drei Zähnen.

GINOVER Keye, der Augenblick ist gekommen.

KEYE Was redet ihr.

GINOVER Ich habe es dir gesagt. Er kommt zurück und will Rache.

KEYE Wir haben eine Sache offen. Kerl. Was ist mit dir. Liebst du den Schnee. Das Blut. Steh auf, ich werde dir so viel Farbe geben, dass du eine Heerschar Gesichter siehst.

***

ARTUS Tut mir leid um dich, Keye. Arme gebrochen. Beine zertrümmert. War das die Nase. Ein Krüppel bist du, gesell dich zu Segramors. Carnac. Holt mir den Mann. Er soll mir zwei Männer ersetzen.

***

CARNAC Weg mit dem Blut.
PARZIVAL Ach, Liebste, wer hat dich mir entrissen.
CARNAC Du hast in den Schnee gestarrt, nichts weiter.
PARZIVAL Was willst du.
CARNAC Mein König will dich sehen.
PARZIVAL Ein König. Wenns Artus ist, dann muss ich passen. Ich muss ein Mädchen rächen, das meinetwegen verprügelt wurde. Keye heißt der Schurke.
CARNAC Das ist geschehen. Zum Krüppel hast du ihn gemacht.
PARZIVAL Ich habe niemanden geschlagen.
CARNAC Hier. Was liegt da. Ein Zahn. Und. Das ist sein Blut. Hier Splitter seines Speeres. Ist das kein Beweis.
PARZIVAL Was ist mit mir.
CARNAC Kommt jetzt.

***

GINOVER Seid willkommen. Ithers Tod sei Euch vergeben. Es sei Euch alles vergeben.

ARTUS Kommt. Setzt Euch an die Tafelrunde.

GINOVER Wie schön er ist.

PARZIVAL Was ist mit Euren Zähnen.

CUNNEWARE Schaut mir in die Augen. Sie leuchten noch wie eh.

ARTUS Jetzt setzt Euch endlich.

PARZIVAL Zu Euch.

ARTUS Natürlich.

PARZIVAL An die Tafelrunde.

ARTUS Wohin sonst.

PARZIVAL Bin ich denn aufgenommen.

ARTUS Parzival von Anjou, du seist ein Ritter von nun an.

PARZIVAL Ich habe doch gefehlt, wie komme ich zu der Ehre.

ARTUS Für uns ist es eine Ehre.

CARNAC Was ist das für ein Schwert.

PARZIVAL Anfortas hat es mir gegeben.

SEGRAMORS Er macht schon wieder Scherze.

ARTUS Still. Du warst auf der Gralsburg.

PARZIVAL Ich habs versucht, ich habe getan, wie man mich hieß, und doch war alles falsch.

ARTUS Nur nicht so streng, wir sind alle Sünder. Zwei Männer sind ganz ordentliche Krüppel. Das wollen wir doch feiern.

KEYE Ihr hättet mich ganz wegmachen sollen.

PARZIVAL Ich habe euch einen Mann geschickt.

CUNNEWARE Ich danke Euch. Für dieses Zeichen. Er taugt nur nichts.

PARZIVAL Wo ist er.

CARNAC Bei den Schweinen. Als Kammerdiener.

PARZIVAL Ihr habt gehört, wie ich Beaurepaire befreit habe. Und wie ich zwei Liebende vereinte. Ich habe ein Schwert gewonnen.

ARTUS Lasst uns beten. Herr. Wir danken dir. Du hast deinen Diener zu uns geführt. Hast ihm als Licht geleuchtet in der Nacht. Wir sahen einen grünen Jungen, der oft irrte.

CARNAC Darf ich das Schwert noch einmal sehen. Bitte.

ARTUS Ruhe. Einen grünen Jungen, der oft irrte. Du hast ihn in die Welt geschickt, in Versuchung geführt und durch das Tal der Tränen, die Einöde der Verzweiflung.

PARZIVAL Herr, ihr irrt. Da war ich nie.

ARTUS Ruhe. Die Einöde der Verzweiflung. Nur die Besten prüfst du, und ihn hast du wahrlich geprüft. Er hat sich den Platz verdient in meiner Runde, und wir danken dir.

CUNNEWARE Amen.

✳ ✳ ✳

CUNDRIE Ah, ich sahs die Nacht, wies dunkel war, aber doch hell genug, dass einer finstrer ging, ein Geselle der Schatten, ein Bruder der Schakale, der durch die Welt irrt wie eine Krankheit, wie der Aussatz und sich macht und faulig, wer ihn nur ansieht, und die Winde flüsterten, er war nicht gezeugt, aus einer Latrine hat man ihn gezogen, gezeugt war er in einem Ausguss, wo jede Schande der Menschheit ausgeschüttet wird, und verteufelt, der Herr der Maden, der Gott der Pestilenz, der Fürst der Niedertracht, hat diese Ausgeburt mit Schönheit ausstaffiert, Zucker gestreut über den Haufen Kot, dass alle naschen von den Exkrementen. Es sitzt ein Scheißstück an deinem Tisch, ein Schorf, Artus, eine Beule, ein Stinkender, die Schande der Menschheit hast du in deine Runde geladen, hast sie zu einem Abort gemacht, worein ich mich nicht einmal übergeben würde, denn neun Löcher hat diese Kreatur, aus jeder fließt der Schmier der Seuche, du hast ihn hier, Artus, bei dir, du wirst ihn nicht mehr los.

ARTUS Cundrie. Es ist genug.

PARZIVAL Ich verstehe nichts.

CUNDRIE Ich verfluche dich. Ich verfluche dein Herz aus Stein, ich verfluche deine Stimme, ich verfluche deine Zunge, deinen Hals, die Füße, ich verfluche dich, ich verfluche deine Hurenmutter, hörst du, ich verfluche dich und deine

Kindeskinder, Krüppel sollst du zeugen, Wasserköpfe, sabbernde Kretine sollen dein Geschlecht sein, du sollst die Rüben fressen, über die du pisst, du Schorrgraben, du Schweinekoben. Hörst du, ich, Cundrie, verfluche dich.

PARZIVAL Wen meint sie denn, Herr, wen meint sie denn.

CARNAC Dich.

NEUNTENS. IM WALD.

✳ ✳ ✳

PARZIVAL Ich hätte nie weggehen dürfen. Ich hätte im Wald bleiben müssen, in meiner Einöde. Ich weiß, was ein Hirsch ist und wie man ihn erlegt, welche Beeren man essen darf, und welche Kräuter heilen. Ich schwöre bei Gott, ich wollte niemandem etwas Böses, aber wohin ich komme, geben mir alle die Schuld an ihrem Leid. Ich habe Anfortas nicht verletzt. Ich habe getan, was man mir sagte. Ich wollte lernen.

✳ ✳ ✳

PARZIVAL Sigune. Ich bins. Ich kann die Gralsburg nicht mehr finden.

SIGUNE Sind Sie ein Landsmann, mein Herr, ich verstehe Sie kaum.

PARZIVAL Seit drei Jahren schon suche ich die Gralsburg, aber ich find sie nicht, und sie war doch ganze nahe.

SIGUNE Sie kommen aus dem Morgenland, wenn ich mich nicht irre.

PARZIVAL Ich bins doch, Parzival.

SIGUNE Psst, nicht so laut, der Vogelkönig hört dich sonst.

PARZIVAL Der Vogelkönig.

SIGUNE Schwarz ist er, und hat einen Schnabel, damit nimmt er dir die Nase. Siehst du. Schionatulander hat er alles Fleisch gestohlen. Ha. Jetzt ist er ganz nackt. Wenn Sie aus dem Morgenland sind, dann haben Sie bestimmt Tücher dabei, damit wir ihn decken können.

PARZIVAL Sigune, ich bitte dich.

SIGUNE Die Wasser sind dunkel und kalt.
Doch können sie nicht erfrischen.
Die Blätter wehn im Wind. Doch keiner kann sie erhaschen

PARZIVAL Sigune. Lass das doch. Ich habe doch nur noch dich.

PARZIVAL Das ist jetzt aber nicht recht, Parzival.
Ach, lass mich doch in Ruhe.
Du rennst wieder davon.
Sie ist tot, hast du es nicht bemerkt.
Du solltest sie wenigstens begraben.
Ich muss weiter.
Aber wohin denn. Du rennst und rennst, das wird kein Ende nehmen.
Kannst du nicht einmal still sein. Eine Minute bloß. Ich flehe dich an.
Gerne.
Danke.
Aber erst, wenn du mit dir im Reinen bist.
Ich bin mit mir im Reinen, verflucht.
Das bist du eben nicht.
Ach, und woher willst du das wissen, mein inneres Stimmchen.
Du hörst mich noch.
Gar nichts höre ich.
Betrüg dich nicht selbst, Parzival.
Warte, ich habe eine Lösung.
Was willst du mit dem Schwert.
Ich schlage dir jetzt deinen Kopf ab.
Das ist doch Wahnsinn.
Dann ist es das eben.
Du wirst sterben.
Ich will meine Ruhe. Hörst du, ich will meine Ruhe.

***

TREVRIZENT Was trägst du ein Schwert an diesem heiligen Tag. Es gibt nichts, gegen das du kämpfen müsstest.
PARZIVAL Welcher Tag ist, weiß ich nicht, kenne nicht die Woche, nicht das Jahr.

TREVRIZENT Hörst du nicht die Glocken. Sie läuten den Karfreitag.

PARZIVAL Der Tag, an dem sie Gott gehängt haben.

TREVRIZENT Ans Kreuz wurde Christus geschlagen.

PARZIVAL Gut.

TREVRIZENT Nach drei Tagen ist er wieder auferstanden.

PARZIVAL Drei Tage sind wir ohne Gott.

TREVRIZENT Wir wollen beten.

PARZIVAL Wir wollen feiern.

TREVRIZENT Warum sprichst du so.

PARZIVAL Wie spreche ich.

TREVRIZENT Voll Groll.

PARZIVAL Ja.

TREVRIZENT Und Wut.

PARZIVAL Ich hasse Gott. Warum lachst du.

TREVRIZENT Wie du das sagst. Als würde Gott das kümmern.

PARZIVAL Ich wurde verflucht, mein Herr, aber das ist gar nicht schlecht. Ich weiß jetzt, was ich bin, und wohin ich gehöre.

TREVRIZENT Was willst du mit dem Schwert.

PARZIVAL Was denkst du.

TREVRIZENT Steck es ein.

PARZIVAL Bepisst du dich jetzt.

TREVRIZENT Du bist nicht so. Du tust nur so.

PARZIVAL Ja, aber ich kanns nicht mehr auseinanderhalten. Ich habe Hunger.

TREVRIZENT Waldgemüse, Wurzeln.

PARZIVAL Eine Höhle, eine zerschlissene Kutte, warum gehst du nicht zurück.

TREVRIZENT Als unser Vater starb, berief man meinen Bruder Anfortas zu seinem Nachfolger. Er war noch klein und wohlerzogen, doch als sein Bart zu sprießen begann, da wurde er wild und ungezogen. Er kämpfte, wo es eine Frau zu gewinnen gab. Amor war sein Ruf. So hatte er sich gegen den Gral gewendet, und nun wendete sich der Gral gegen ihn. In einem Turnier wurde er verwundet, der Stoß ging gerade durch die Hoden. Als Anfortas nach Hause kehrte, war sein Gemächt schon halb verfault, man fand die Speerspitze, sie war vergiftet. Alle Ärzte und Arzneien brachten keine Linderung. Was ihm bis anhin Lust bescherte, quälte ihn nun in jeder Stunde. Anfortas bat den Gral um den Tod. Das Heiligste versprach Erlösung, doch erst, wenn jemand unwissend nach dem Leiden fragt. Erst dann darf Anfortas sterben, noch muss er leben, und grausam spielt das Schicksal mit ihm. Ein Ritter fand, was man nicht suchen kann, man zeigte ihm den Gral, und alles war bereit, der Kerl hätte nur die kleinste Frage stellen müssen. Doch sein Mund blieb verschlossen, Anfortas, zwischen Leben und Tod, fault weiter vor sich. Pass auf, rachsüchtig ist unser Gott, rachsüchtig ist der Gral, ich fürchte, er könnte auch mich verfluchen, und um ihn zu besänftigen, bin ich in die Einöde, habe dem Fleisch abgeschworen und bete ohne Unterlass.

PARZIVAL Mich hat er schon verflucht.

TREVRIZENT Was sagst du.

PARZIVAL Ich bin der, der nicht gefragt hat.

TREVRIZENT Hast du die Lanze gesehen.

PARZIVAL Und das Blut daran.

TREVRIZENT Es ist sein Blut, weißt du das. Wenns Frost gibt, schmerzt die Wunde so sehr, dass nichts mehr hilft, nur noch der Gegenschmerz. Er setzt sich mit den Hoden auf die Spitze, mein Freund, und alle Kälte wird aus Anfortas gezogen und gefriert auf dem vergifteten Eisen.

PARZIVAL Ich hab getan, was man mir auftrug, getreulich befolgt die Ratschläge der Herren. Es war nicht recht, so tat ich denn das Gegenteil, und es war nicht recht. Wie lautet denn die Regel.

TREVRIZENT Es gibt keine Regel.

PARZIVAL Und wie das Gesetz der Ordnung.

TREVRIZENT Kein Gesetz, und keine Ordnung. Nur was du fühlst, ist recht und wird von Gott erkannt.

PARZIVAL Fühlen. Was ist das. Wenn ich den Kopf in kaltes Wasser tauche. Wenn ich mit der Hand die Glut durchforste. Und wenn ich morgens scheißen gehe. Dann fühle ich.

TREVRIZENT Damit beginnts.

PARZIVAL Und wie gehts weiter.

TREVRIZENT Liebst du dich.

PARZIVAL Wie soll das gehen.

TREVRIZENT Magst du, was du tust.

PARZIVAL Ich habe niemals willentlich Schaden angerichtet.

TREVRIZENT Du bist ein Kind.

PARZIVAL Ich möchte verstehen.

TREVRIZENT Was möchtest du verstehen.

PARZIVAL Die Welt.

TREVRIZENT Es gibt nichts zu verstehen.

PARZIVAL Aber alle tun, als hätten sie verstanden.

TREVRIZENT Und das ist auch das einzige Geheimnis.

PARZIVAL Was hast du verstanden.

TREVRIZENT Wie man mit einem Weidenzweig den Nageldreck wegputzt.

PARZIVAL Und sonst.

TREVRIZENT Was Worte alles vermögen.

PARZIVAL Worte.

TREVRIZENT Du musst verlieren, was du wolltest, erst dann wirst du erhalten, was du benötigst.

PARZIVAL Wie.

TREVRIZENT Wer wissen will, was er benötigt, muss seine Gedanken leeren.

PARZIVAL Ich.

TREVRIZENT Wer seine Gedanken leeren will, der muss frei sein von Begierden.

PARZIVAL Wer seine Gedanken leeren will, der muss frei sein von Begierden.

TREVRIZENT Um sich von den Begierden zu befreien, muss man bereit sein zu sterben.

PARZIVAL Um sich von den Begierden zu befreien, muss man bereit sein zu sterben.

TREVRIZENT Wer bereit ist zu sterben, hat verloren, was er wollte.

PARZIVAL Und wer verliert, was er will, wird erhalten, was er benötigt.

TREVRIZENT Na bitte.

PARZIVAL Und wird seine Gedanken leeren, frei sein von Begierden und bereit sein, zu sterben.

TREVRIZENT Jetzt zeige ich dir den Trick mit dem Weidenzweig.

* * *

ERSTER BAUER Ihr seht müde aus, mein Herr.

PARZIVAL Wer sind Sie.

ZWEITER BAUER Kennst du uns nicht mehr.

ERSTER BAUER Meinliebling.

PARZIVAL Ich möchte in den Wald zurück, zu meiner Mutter.

ERSTER BAUER Ihr wisst es doch, nicht wahr.

PARZIVAL Was habt ihr mit ihr gemacht.

ZWEITER BAUER Wir haben sie begraben.

PARZIVAL Ich möchte zu ihr.

ZWEITER BAUER Sie sind ein Ritter, mein Herr, ihre Mutter wäre stolz auf Sie.

PARZIVAL Hat sie noch etwas gesagt.

ZWEITER BAUER Gar nichts.

ERSTER BAUER Dass sie Euch liebe.

PARZIVAL Er lügt doch.

ERSTER BAUER Gewiss nicht.

PARZIVAL Ich habe sie umgebracht.

ZWEITER BAUER Sie war schon alt. Aber Ihr seid richtig groß geworden. Wir haben von Ihren Heldentaten gehört.

PARZIVAL Heldentaten. Ich bin ein Tor geblieben.

ZWEITER BAUER Ein Tor in einer edlen Rüstung.

PARZIVAL Die Rüstung. Sie ist mein Unglück.

ERSTER BAUER Was tun Sie.

PARZIVAL Helft mir. Ich will meine Kleider zurück.

ZWEITER BAUER Das Narrenzeug.

PARZIVAL Was meine Mutter mir gab. Damit alle wilden
 Teufel gleich Reißaus nehmen. Jetzt bin ich, was ich war.

ERSTER BAUER Wo will er hin.

PARZIVAL Dahin, woher ich gekommen bin.

ZEHNTENS. AUF DER GRALSBURG.

* * *

PARZIVAL Was ist das.

ANFORTAS Du bist zurück.

PARZIVAL Euch wollte ich nie mehr sehen.

ANFORTAS Und deshalb habt ihr mich gefunden.

PARZIVAL Nach Hause will ich.

ANFORTAS Genau da bist du.

PARZIVAL Oheim.

ANFORTAS Ja.

PARZIVAL Ich kann Sie erlösen.

ANFORTAS Du weißt, was das bedeutet.

PARZIVAL Ihr werdet sterben.

ANFORTAS Das ist gut.

PARZIVAL Und ich werde Gralskönig.

ANFORTAS Geschenkt, dieses Königreich aus Abfall, es sei euch geschenkt. Und meine Kleider, wenn ihr wollt.

PARZIVAL Oheim.

ANFORTAS Ja.

PARZIVAL Was wirret ihr.

Zwanzigtausend Seiten

Tony
Lisa, seine Freundin
Elena Gosbor, Ärztin und Neurologin
Buff, ein Patient
Arvyl, ein Patient
Melanie, eine Patientin
Jean-Michel Blonay, ein ehemaliger Geschichtsprofessor
Lorena, seine Gouvernante
Wüthrich, ein Journalist
David, ein Aktivist
Baum, ein Aktivist
Korn, ein Aktivist
Mala, eine Aktivistin
Silvia, die Stimme einer Radiohörerin
John, ein Künstleragent
Valérie, eine Journalistin
Ein menschliches Huhn
Elvis Presley
Zwei Schwertkämpfer
Ein Mann ohne Talent
Priska, eine Sängerin
Ein Plüschelefant
Guido, ein Fernsehmoderator
Die Jury mit den drei Köpfen
Oskar
Ein Techniker

Der wahre Seinsgrund

An einem schönen Morgen. Ein Besprechungszimmer.

LISA Ich war auf der Notfallstation und wollte Tony nach Hause holen. Es hieß, er sei wohlauf, die Bücher, die ihm auf den Kopf gefallen sind, hätten keinen Schaden angerichtet, nichts gebrochen, keine inneren Verletzungen, und jetzt höre ich, man habe ihn verlegt, hierher, in die psychiatrische Abteilung.

GOSBOR Wollen Sie sich nicht setzen. Bitte.

LISA Was ist mit Tony.

GOSBOR Zu Tony werden wir gleich kommen. Zuerst möchte ich Ihnen, wenn Sie erlauben, eine Frage stellen.

LISA Bitte.

GOSBOR Wer bin ich.

LISA Sie.

GOSBOR Ja, wer bin ich.

LISA Sie sind Elena Gosbor, die leitende Ärztin.

GOSBOR Das will ich Ihnen bestimmt nicht ausreden, aber vielleicht sind Sie so freundlich, kurz zu erläutern, wie Sie zu dieser Vermutung kommen.

LISA Ich verstehe nicht –

GOSBOR Woher wissen Sie, dass ich Ärztin bin.

LISA Dr. Elena Gosbor steht an der Tür. Und auf Ihrem Namensschild.

GOSBOR Weils an der Tür und auf meinem Namensschild steht, bin ich die leitende Ärztin.

LISA Das nehme ich doch an.

GOSBOR *nimmt das Schild von ihrem Kittel und reicht es Lisa.* Bitte, hier.

LISA Was soll ich damit.

GOSBOR Stecken Sie es sich an.

LISA Wozu –

GOSBOR Ein Spiel. Also. Schön. Ich gratuliere.

LISA Wie.

GOSBOR Zur leitenden Ärztin.

LISA Aber nein.

GOSBOR Daran haben Sie mich erkannt.

LISA Wenn es so einfach wäre.

GOSBOR Haben Sie Zweifel.

LISA Ich habe ja nicht studiert.

GOSBOR Haben Sie mich an der Universität gesehen, in einem Hörsaal.

LISA Wie könnte ich.

GOSBOR Wie können Sie trotzdem wissen, dass ich studiert habe.

LISA Bis vor zehn Minuten waren Sie mir völlig unbekannt. Aber ich weiß wirklich nicht –

GOSBOR Jetzt geben Sie es also zu.

LISA Bitte.

GOSBOR Dass Sie mich nicht kennen.

LISA Natürlich kenne ich Sie nicht.

GOSBOR Trotzdem behaupten Sie, ich sei Ärztin. Sie müssen zugeben, dass dies Fragen aufwirft.

LISA Da. An der Wand.

GOSBOR Was ist das.

LISA Ihr Diplom.

GOSBOR Ein Papier in einem goldenen Rahmen, mehr sehe ich da nicht.

LISA Worum geht es hier eigentlich.

GOSBOR Das sollten Sie mir sagen.

LISA Ich will wissen, was mit Tony ist. Wie es ihm geht. Wann er nach Hause kann. Nächsten Montag tritt er seine neue Stelle an, und –

GOSBOR Einen Augenblick. Sie haben eine Reihe von Fragen, die den Gesundheitszustand Ihres Freundes betreffen.

LISA Richtig.

GOSBOR Und zur Beantwortung dieser Fragen brauchen Sie eine Ärztin.

LISA Wen sonst.

GOSBOR Sie würden diese Fragen nicht Ihrer Friseuse stellen. Und auch nicht dem Klempner, der ihr überschwemmtes Bad in Ordnung bringt.

LISA Mein Bad ist überschwemmt.

GOSBOR Metaphorisch. Sie brauchen eine Ärztin, und nur eine Ärztin, andernfalls wären Sie nicht in der Lage oder jedenfalls nicht bereit, die entsprechenden Fragen zu stellen. Wäre ich Ihre Friseuse, dann gäbe es diese Fragen in einem gewissen Sinne überhaupt nicht. Für Sie ja, aber nicht für mich. Ich wüsste einfach nichts davon. Können Sie mir folgen.

LISA Ich mache mir Sorgen, und Sie treiben Späße.

GOSBOR Lassen Sie uns die Sache anders angehen. Worum handelt es sich hier.

LISA Das ist ein Kugelschreiber.

GOSBOR Ein Kugelschreiber. Interessant. Wie kommen Sie darauf.

LISA Ich kenne diese Dinger.

GOSBOR Diese Dinger.

LISA Kugelschreiber.

GOSBOR Was ist ein Kugelschreiber.

LISA Ein Stift.

GOSBOR Ein Stift.

LISA Mit dem man schreiben kann.

GOSBOR Ein Stift, mit dem man schreiben kann. Sehr gut. Hier, bitte. *Sie reicht ihr den Kugelschreiber.* Nehmen Sie ihn. Schreiben Sie.

LISA Was soll ich schreiben.

GOSBOR Irgendetwas, das spielt keine Rolle.

LISA *Sie versucht es.* Es geht nicht.

GOSBOR Es geht nicht.

LISA Der Kugelschreiber ist kaputt.

GOSBOR Und das heißt.

LISA Er schreibt nicht.

GOSBOR Sie haben sich also geirrt.

LISA Wie.

GOSBOR Sie sagten, ein Kugelschreiber sei ein Stift, mit dem man schreiben könne. Mit diesem Ding kann man nicht schreiben, folglich ist es kein Kugelschreiber.

LISA Es ist ein Kugelschreiber. Einfach ein kaputter.

GOSBOR Obwohl man mit diesem Ding die von Ihnen eben definierte Funktion eines Kugelschreibers nicht erfüllen kann, nennen Sie es Kugelschreiber.

LISA Ich weiß wirklich nicht, weshalb –

GOSBOR Dann ist das hier auch ein Kugelschreiber. *Sie zeigt auf einen Stuhl.*

LISA Nein. Das ist ein Stuhl.

GOSBOR Aber auch damit kann man nicht schreiben, genauso wenig wie mit diesem Ding da.

LISA Mit diesem Ding da sollte man es aber tun können.

GOSBOR Sollte.

LISA Das Ding hier, dieser Kugelschreiber, sieht aus, als ob man es mit ihm tun können sollte. Schreiben.

GOSBOR Tun können sollte.

LISA Herrgott, ja.

GOSBOR Sie erkennen eine Form, die Sie mit der Funktion eines Kugelschreibers in Verbindung bringen, und deshalb nennen Sie dieses Ding Kugelschreiber, auch wenn Sie erkannt haben, dass es die Funktion eines Kugelschreibers nicht erfüllen kann.

LISA Meinetwegen. Aber –

GOSBOR Sie müssen zugeben, dass dieses Ding da, das sie Kugelschreiber nennen, nicht durch seine Funktion definiert ist.

LISA Meinetwegen.

GOSBOR Durch was ist es dann definiert.

LISA Durch das, was es tun sollte.

GOSBOR Großartig. Und was es tun soll, das haben Sie bestimmt.

LISA Frau Gosbor.

GOSBOR Sie sind es, die diesen Kugelschreiber zum Kugelschreiber machen. Und falls ich tatsächlich Ärztin bin,
dann nicht einer Universität wegen, von der Sie nicht sagen
können, ob ich je dort war, wegen Examinatoren, auf deren
Fragen Sie mich nicht haben antworten hören, nicht wegen
eines Stücks Karton an meiner Brust, auf dem mein Name
steht, wegen eines Wischs an der Wand, den Sie sich nicht
aus der Nähe angesehen haben und von dem Sie nicht sagen
können, ob da nicht vielleicht steht, dass ich das staatliche
Diplom im Daumenlutschen bestanden habe.

LISA Im Daumenlutschen.

GOSBOR Genauso, wie sie dieses Ding zum Kugelschreiber
machen, machen Sie mich zur Ärztin.

LISA Aber nun hören Sie einmal.

GOSBOR Was wir sind, sind wir nicht durch uns selbst. Wir
sind es durch die anderen, die uns zu dem machen, was sie
in uns sehen wollen. Ihre Erwartungen, die Ansprüche, die
Art und Weise, wie sie mit uns reden, fügt uns in die Rolle,
die wir einzunehmen haben.

LISA Ich verstehe nicht, was das mit Tony zu tun hat.

GOSBOR Wirklich nicht.

LISA Nein, leider nicht.

GOSBOR Gut. Egal. Lassen wir das. Dann darf ich Sie bitten,
hier sauber zu machen.

LISA Bitte.

GOSBOR Aufräumen. Das Büro.

LISA Warum sollte ich aufräumen.

GOSBOR Ich habe gehört, Sie würden ab und zu gegen Ent-
gelt –

LISA Zweimal die Woche, nach der Arbeit in der Spedition,
ja. Ich will etwas auf die Seite legen. Aber doch nicht hier.

GOSBOR Ich werde Sie selbstverständlich dafür bezahlen.

LISA Ich bin wegen Tony da.

GOSBOR Sie brauchen also nicht bloß eine Ärztin, Sie brauchen eine Ärztin, die Sie als Tonys Freundin akzeptiert. Ein
bisschen viel verlangt, finden Sie nicht.

LISA Ich werde jetzt gehen.

GOSBOR Ich bin dabei zu erklären, was mit Tony ist. Warum er besser hierbleibt.

LISA Er soll hierbleiben. Wie lange.

GOSBOR Sehen Sie, was wir sein wollen, können wir nur durch die anderen sein. Wenn ich Sie nicht als Angehörige akzeptiere, dann sind Sie keine Angehörige. Sondern zum Beispiel eine Putzhilfe. Wir brauchen das Einverständnis der anderen.

LISA Und.

GOSBOR Und in den meisten Fällen haben wir dieses Einverständnis. In den allermeisten Fällen. Wenn man bleiben will, wie man war. Wer aber ein anderer werden will, und dazu das Einverständnis der anderen braucht, der hat es schwer. Und darum ist das, was wir gemeinsam mit den anderen aufbauen, was wir landläufig Identität nennen, eine Heimat, die uns Schutz gewährt, ein trautes Heim, wo wir auf Vertrautes stoßen. Und es ist gleichzeitig ein Gefängnis, ein tiefer, dunkler Kerker mit Schlössern, deren Schlüssel weggeworfen wurden. Bisweilen wird uns ein Freigang gewährt, ein paar Stunden treiben wir als Fremdlinge durch eine Nacht, die mit Personen bevölkert ist, denen wir und die uns fremd sind. Wir ziehen uns am Ende des Winters eine Maske vors Gesicht und ein schrilles Kostüm über den Leib, bloß für ein paar Tage. Nie länger. Wir wissen: wir müssen zurück in den Schuldturm unseres Seins und die Zeit absitzen, zu der wir in unserem Ich verurteilt wurden. Wer den Moment verpasst, findet die Tore verschlossen, er kann nicht zurück, weil sich seine Mitmenschen längst verabschiedet haben. Aber wer möchte nicht hin und wieder als jemand anderes erkannt werden, als jene Person, von der man im Innersten glaubt, sie entspreche unserer wahren Bestimmung. Was glauben Sie, wie ermüdend es ist, jeden Tag als Ärztin angesprochen zu werden, als Fachfrau für die seelischen Belange anderer, was glauben Sie, wie oft ich gerne eine andere Rolle spielen würde und wie selten ich

Gelegenheit habe, mich anders kennenzulernen. Ich werde ja immer als Ärztin besetzt, tagein, tagaus, ich stehe morgens auf und finde mich in einem weißen Kittel wieder. Ein Alptraum. Aber natürlich bin ich selbst schuld. Wenn ich wollte, könnte ich das hier zurücklassen – aber ich tue es nicht. Weil ich weiß, dass es keine Rückkehr geben wird. Was letztlich verlangt wird, ist Beständigkeit. Wir sollen heute tun, was wir auch gestern taten und morgen wiederholen, was heute von uns erwartet wird.

LISA Wann kann Tony nach –

GOSBOR Es gibt Menschen, denen eines Tages diese Eindimensionalität nicht mehr genügt und die unbequemerweise die Frage stellen, ob uns dieser Anspruch auf Konsistenz nicht furchtbarstens in den Möglichkeiten zur Entfaltung unseres wahren Seinsgrunds behindert, doch die meisten, die eben diese Frage stellen, werden sich und uns antworten: Ja, vielleicht ist es eine Beschränkung, ja, auch ein Kerker, eine Kugel am Bein, sicher, meinetwegen, aber verlangt denn das menschliche Leben, das immer auch ein Leben im sozialen Artverband beinhaltet, nicht in erster Linie Verantwortlichkeit. Für sich selbst. Für seine Liebsten. Und ja, irgendein Glücksbegriff, irgendeine Theorie des gelungenen Lebens, bedingt eine solche Verantwortlichkeit. Weil damit die Möglichkeit zur Gestaltung einhergeht, Einfluss, sogar Macht, wenn Sie so wollen, obwohl ich nicht diesen Begriff verwenden würde. Aber trotzdem. Das sind, würde ich sagen, oder besser gesagt, sagt die Statistik, etwa sechsundneunzig Prozent der Mitmenschen, die jene aufgestellten Fragen auf diese oder ähnliche Weise beantworten, und ich meine sechsundneunzig Prozent jener, die diese Frage überhaupt aufwerfen, und ich würde behaupten oder schätzen, denn dazu gibt es bezeichnenderweise keine Statistik, dass von der ganzen versammelten Menschheit nur gerade ein bis zwei Prozent überhaupt jemals eine solche oder ähnliche Frage überhaupt zu stellen wagt. Und ich meine: laut zu stellen wagt, was nicht heißt, dass man diese Frage laut aussprechen muss, dann wären es noch viel weniger – nein, ich meine, sich selbst, seiner Persönlichkeit diese Frage stellen, offen, ehrlich, schonungslos. Die allesüberwiegende Mehrheit, die, wie ein schönes und höchst entlarvendes Adjektiv sie bezeichnet, erdrückende Mehrheit, die Luft abdrückende Mehrheit, wird niemals eine solche Frage stellen oder auch nur in die Nähe dessen kommen, was man das Auftauchen einer Frage aus dem modrigen Schlamm des unbewussten und von der abgelebten Vorwelt hinterlassenen Urgrunds nennen könnte, nein, nein, die Masse, wenn sie mir dieses altertümliche, aber sehr plastische Wort erlauben, die Masse also ist wie jener Kanarienvogel, der die offene Käfigtür entdeckt, den Weg in die Freiheit – und dann auf seiner Stange sitzen bleibt. Natürlich. Denn was ist da draußen: Kälte, Kohldampf, Katzen – warum sollte er seinem Käfig entweichen, wo das Wasser frisch und die Körner knackig sind. Kaum Menschen, die ausbrechen wollen, das heißt, ich will präziser sein, da Sie ja ein kluger Kopf sind, wie ich bemerke, ausbrechen wollen wir alle, hin und wieder, oder möchten nicht auch Sie jemand anders sein, nicht dieses fade Leben führen müssen, einmal jeden einzelnen Faden der Verpflichtung kappen, durchschneiden das Band der Verantwortung, das uns im ruhigen Hafen der sozialen Nahbereichsvertrautheit hält, wo der Wellengang ruhig ist und aber leider auch das Wasser, da es keine Durchlüftung kennt, faulig, brackig, stinkend. Nun.

LISA Wie lange muss Tony –

GOSBOR Aber selbstverständlich wollen Sie das, jeder will das, träumt davon, und bisweilen dürfen wir das ja auch, wie erwähnt und geschildert, und das nennen wir dann Urlaub, Auszeit, Ausgleich, und es gibt eine ganze Industrie, die uns den kurzzeitigen Ausflug aus diesem öden Haus verspricht – kurzzeitig, ist es nicht so, denn wenn das Vögelchen länger als ein paar Stunden, ein paar Tage dem Käfig entsagt, und es dann aber müde wird vom Herumflie-

gen in der frischen, kalten, windigen Luft und zurückkehren möchte zu seinem Töpfchen mit den Körnern, seinem
Fläschchen mit dem Wasser, seinem Stängelchen, wo es
ausruhen kann und sich erholen, geschützt, von der Müdig-
keit, tja, wenn es zu spät zurückkehrt, dann ist vielleicht
kein Käfig mehr da, oder ein anderes Vögelchen sitzt schon
an seinem Platz.

LISA Was ist mit Tony, verdammt noch mal.

GOSBOR Ihr Tony hat sich entschieden, ein solches Vögelchen zu sein.

LISA Ein Vögelchen.

GOSBOR Sie waren dabei, als er diesen Unfall erlitt.

LISA Da stand eine Mulde, verstehen Sie, in die man bei
Häuserräumungen den Müll hineinwirft, und er hat da etwas gesehen, ich glaube, es war ein altes Aufnahmegerät,
mit Spulen, und er wollte sich das ansehen und ist in diese
Mulde gestiegen. Und dann kam von oben diese Kiste, ein
großer Umzugskarton, voll mit Büchern, und die ist auf
seinen Kopf gefallen, schrecklich.

GOSBOR Er glaubt, dass der Inhalt dieser Bücher in seinem
Kopf gespeichert sei.

LISA Gespeichert.

GOSBOR Punkt für Punkt, Komma für Komma.

LISA Ich verstehe nicht –

GOSBOR Eine Wahnidee, eine für seine Zwecke sehr nützliche Wahnidee. Schauen Sie mich nicht so an. Von seinem
Standpunkt aus ist diese posttraumatische Belastungspsy-
chose von einer geradezu bestechenden inhärenten Logik.
Sie ist, wie soll ich es nennen, seine Fahrkarte hinaus auf die
offene See der geistigen Möglichkeiten. Ein Mittel zum
Zweck. Und nur das ist sie. Falls Sie in See stechen wollen,
unbedingt, um jeden Preis, weil Sie, metaphorisch gesprochen, das Festland verlassen wollen, weil es Ihnen auf eine
Weise über ist, die nur noch Ekel verursacht, oder weil Sie
es müssen, weil Sie etwas ausgefressen haben oder auf der
Flucht –

LISA Tony hat nichts ausge –

GOSBOR – metaphorisch gesprochen, ich erwähnte es, im übertragenen Sinn. Das Schuldgefühl benötigt, nebenbei, nicht zwingend eine tatsächliche, messbare Schuld, jedenfalls: In der Lage, umgehend in See stechen zu wollen, wird ein solcher Mensch jedes verfügbare Schiff nehmen, das im Hafen liegt, ob Nussschale, Ozeandampfer oder Tretboot: Hauptsache hinaus aufs offene Meer, hinaus. Die Bücher waren nur ein Katalysator. Ein Ereignis, das die Geschehnisse in Gang bringt. Er hat, wie ich sehe, einen polizeilichen Eintrag.

LISA Eine dumme Geschichte, er ist da in etwas hineingeraten.

GOSBOR So.

LISA Er passt oft nicht auf, wie soll ich es Ihnen sagen, er torkelt durchs Leben.

GOSBOR Er trinkt.

LISA Metaphorisch. Nicht übermäßig, hin und wieder mit Freunden, die sind für ihn das Allerwichtigste. Er torkelt, weil er nicht plant. Er weiß morgens selten, was er mittags tun wird, er lebt ganz im Augenblick –

GOSBOR Wie die Weisen leben.

LISA Wer.

GOSBOR Die Achtsamkeit für den Augenblick gilt als die höchste Lebenskunst, nicht nur hier, fast überall, in jeder Kultur, nur unsere Zeit befasst sich auf eine geradezu obsessive Weise mit den Versprechungen des nächsten Tages.

LISA Sagen Sie ihm das bloß nicht. Er soll sich doch einmal Gedanken über seine Zukunft machen, was aus ihm werden könnte. Aber es stimmt, es ist immer niedlich mit Tony, er lässt sich von nichts die Laune verderben, was auch immer auf dem Tisch liegt, die hundertste Absage, eine Betreibung, das Frühstück vom Vortag – wenn der Abend lind ist und der Wein gekühlt, dann denkt er nicht daran, dass für die Nacht Gewitter drohen, die Wäsche noch in der Zinne hängt und der Wein, natürlich, nicht bezahlt ist. Er müsste sich einmal, eine Stunde lang, Gedanken machen, über die Zukunft, ich meine, über seine Zukunft, was er werden und aus seinem Leben machen will. Und ich sags ihm, Tony, du bleibst nicht ewig jung, nicht ewig wird man dir in der Kneipe ein Bier ausgeben, obwohl es Monatsanfang ist und er doch eigentlich selbst Geld in der Tasche haben müsste. Schauen Sie mich nicht so an. Ich sehe doch, was mit seinen Freunden passiert, mit Hannes und Jörg, die arbeiten, die Vera ist schwanger, die Paare ziehen zusammen –

GOSBOR Sie wohnen nicht zusammen –

LISA Er ist bei mir eingezogen, vorübergehend, wie er sagte, das ist anderthalb Jahre her, ich hab ein einziges Zimmer, und er ist wirklich nicht gerade ein Putzteufel, und wenn ich dann abends von der Arbeit komme, ist er gerade aufgestanden, und wenn ich ihm morgens kein Geld gebe, dann steht abends nichts auf dem Tisch und der Kühlschrank bleibt leer. Er ist kein schlechter Mensch. Tony ist treu, er liebt mich, und ich sehe etwas in ihm, wie soll ich es Ihnen erklären, manchmal, wenn ich in seine Augen sehe, dann leuchtet da etwas, ich kann es nicht beschreiben, etwas Großes, Schönes, glänzend und rein. Er ist nicht wie der Jörg oder der Hannes, so grob und plump, er ist fein und zärtlich und trägt, wenns geregnet hat, die Schnecken vom Bürgersteig ins Gebüsch mit ein paar guten Worten, und meinen Kaffee deckt er mit der Untertasse zu, wenn ich aufs Klo muss in der Kneipe, damit er nicht auskühlt, aber einer wie er muss einmal begreifen, dass auch er erwachsen werden muss –

GOSBOR Und das haben Sie ihm gesagt.

LISA Ja, ja.

GOSBOR Oft.

LISA Ja.

GOSBOR Sehen Sie, das waren bestimmt nicht nur Sie, er hat das doch gespürt, dass von ihm ein Schritt in die Zukunft verlangt wird, einen Blick hinaus in die Versprechungen der kommenden Tage, und er aber, nein, er will das nicht, er will aufgehen im Moment, doch er sieht, damit gefährdet er alles, was ihm lieb ist und teuer, und das sind Sie ihm, und doch kann er nicht lassen von der Art, wie er diese Welt sieht, und somit, ergo, was tut er.

LISA Wie.

GOSBOR Er sucht einen Ausweg. In der Gegenwart kann er nicht bleiben, in die Zukunft will er nicht, da bleibt ihm nur noch die Historie, und genau dahin ist er geflohen. In eine Obsession für das Vergangene. Und als Beweis für die Wirklichkeit seiner Metamorphose rezitiert er geschichtliche Werke, ausgedachte geschichtliche Werke.

LISA Also bin ich schuld an der ganzen Sache.

GOSBOR Vielleicht können Sie nicht beides haben –

LISA Wie.

GOSBOR Seine Sensibilität und gleichzeitig die Lebenstüchtigkeit.

LISA Ja, aber die Liebe ist manchmal kleinlich, verstehen Sie, jedenfalls meine, und ich fühle mich halt auch ausgenutzt.

GOSBOR So sollten Sie nicht –

LISA Tony muss nächsten Montag diese Stelle antreten, wie stehe ich sonst da.

GOSBOR Sie.

LISA Eine Stelle in der Spedition, in der ich arbeite. Ich habe sie ihm verschafft. Das hat mich etwas gekostet, ich meine, nicht Geld, und ich habe auch nicht, wenn Sie das jetzt meinen, das könnte ich nicht – aber rumschleimen musste ich. Wie stehe ich jetzt da, wenn –

GOSBOR Wie stehen Sie denn da.

LISA Dumm.

GOSBOR Das ist nicht schlimm.

LISA Ja.

GOSBOR Was ist wichtig.

LISA Also.

GOSBOR Dass er auf die Beine kommt. Und das wird er. Aber er muss hierbleiben. Fürs erste.

Lisa Wie lange.

Gosbor Das lässt sich nicht sagen. Wir brauchen Geduld. Viel Geduld.

Eine kleine Verschiebung

Später, kurz vor Mittag. Irgendwo in der Klinik.

Tony Sag jetzt nichts. Hör mir einfach zu. Bist du bereit. Gut. »Tabelle 27: Regiespendentransfer aus Deutschland 1939-1944 in Franken. Spalte eins: Jahr; Spalte zwei: Anforderungen der Schweizer Stammhäuser; Spalte drei: durch SVSt als transferberechtigt anerkannt.«

Lisa Tony.

Tony Ich bin nicht fertig. »Spalte 4: Effektiv transferiert 1939 6 529 000, das sind die Anforderungen der Stammhäuser, davon 6 439 000 eben durch SVSt als transferberechtigt anerkannt, effektiv transferiert 6 376 000; ein Jahr später, also 1940, betrugen die entsprechenden Zahlen 6 863 000, beziehungsweise –«

Lisa Tony.

Tony Die Quelle hierzu ist übrigens »BAR, E 7160-11 1968/31«. Was sagst du dazu.

Lisa Was soll ich dazu –

Tony Habe ich das vielleicht erfunden. Das kann man nicht erfinden.

Lisa Darum geht es doch nicht.

Tony Diese Bücher sind in meinem Kopf. Wort für Wort. Satz für Satz. Frag mich nicht, wie sie da hineingekommen sind. Aber sie sind es.

Lisa Die Gosbor sagt –

Tony Die Gosbor glaubt mir kein Wort. *Stille.* Und du glaubst mir auch nicht.

Lisa Wir wollen dir beide helfen.

Tony Wie soll das gehen, wenn ihr mir nicht glaubt. Wenn

ihr mich für verrückt erklärt. Wenn ihr mich einsperren wollt.

LISA Das will keiner.

TONY Habt ihr euch abgesprochen. Du und die Gosbor.

LISA Ich war eben bei ihr, ja.

TONY Und sie schickt dich vor, damit ich hierbleibe.

LISA Ich sehe doch, wie es dir geht.

TONY Ach, und wie geht es mir.

LISA Du bist aufgebracht. Wütend.

TONY Weil mir niemand glaubt. Deshalb.

LISA Ich rufe die Spedition an. Ich sage ihnen, du seist im Krankenhaus. Mehr nicht. Verstehst du.

TONY Erzähl ihnen ruhig die Wahrheit.

LISA Du bleibst die nächsten Tage hier. Ruh dich aus. Und nächste Woche sehen wir weiter.

TONY Ich kann hier nicht bleiben.

LISA Brauchst du frische Wäsche.

TONY Hier sind die richtig schweren Fälle. Einer wurde von Außerirdischen entführt, und eine andere isst nicht, weil man sie vergiften will. Sie wird zwangsernährt. Willst du, dass sie mich zwangsernähren.

LISA Sprich mit der Gosbor. Sie sollen dir ein Einzelzimmer geben.

TONY Ich will nach Hause.

LISA Da gehen wir uns nur auf die Nerven.

TONY Nein, Lisa, nein.

LISA Ich will dich nicht bei mir, und es ist immer noch meine Wohnung. Hast du mich verstanden.

TONY Lisa.

LISA Ich lasse dir Wäsche bringen. Sonst noch was.

TONY Lass mich nicht hier. Ich bitte dich. Lisa.

Terrorvögel

Jetzt haben sich in einem lichten Raum vier Menschen eingefunden, nämlich Elena Gosbor und drei Patienten. Man sitzt sich in einem Kreis gegenüber. Ein Stuhl ist leergeblieben.

ARVYL *hebt ein Buch in die Luft.* Die Zeit rennt uns davon.

GOSBOR Arvyl. Sie sind heute nicht an der Reihe.

ARVYL Sie begreifen nicht, wie ernst die Lage ist.

GOSBOR Nichts kann so dringend sein, dass wir deswegen unsere Regeln über den Haufen werfen. Buff.

BUFF Was ist.

GOSBOR Sie sind an der Reihe.

BUFF Ich protestiere.

GOSBOR Bitte. Das ist Ihr gutes Recht.

BUFF Eine verdammte Schweinerei ist das.

GOSBOR Sie sind wütend.

BUFF Heute früh wurde ich Opfer einer planmäßigen Bösartigkeit gegen meine körperliche Unversehrtheit.

MELANIE Dafür gibts Beschwerdeformulare.

BUFF Ja, und genau die wurden mir verweigert.

GOSBOR Von wem.

BUFF Von dieser grässlichen Dusak. Die putzt mein Zimmer.

GOSBOR Für Beschwerden ist das Reinigungspersonal nicht zuständig.

BUFF Und wer bitte sollte sonst für die Düsen zuständig sein.

GOSBOR Für welche Drüsen.

BUFF Nicht Drüsen, die Düsen im Duschkopf.

GOSBOR Es war mit den Düsen etwas nicht in Ordnung.

BUFF Inkorrekt. Mit den Düsen war alles in Ordnung. Außer mit einer einzigen.

GOSBOR Eine Düse war nicht in Ordnung.

BUFF Korrekt.

GOSBOR Was war damit. War sie verstopft.

BUFF Verstopft. Denken Sie, ich würde wegen einer verstopften Düse einen Aufstand machen.

GOSBOR Sie war also nicht verstopft.

BUFF Korrekt.

GOSBOR Was dann.

BUFF Teilweise verstopft.

GOSBOR Teilweise verstopft.

BUFF Wäre sie vollständig verstopft gewesen, hätte ich es überhaupt nicht bemerkt. Aber da diese Düse nur zu einem Drittel verstopft –

GOSBOR – strömte nicht genügend Wasser.

BUFF Das ist nicht der Punkt. Wer mit den Strömungsgesetzen auch nur einigermaßen vertraut ist, weiß, was identische Fördermenge bei verringertem Durchmesser bedeutet.

MELANIE Erhöhter Druck.

BUFF Korrekt, aber ebenfalls vollkommen irrelevant. Es geht hier um eine einzige von achtundsechzig Düsen. Die restlichen konnten den Druck ausgleichen. Nur die Kombination mit einer weiteren Manipulation –

GOSBOR Eine Manipulation –

BUFF Eine bewusste Sabotage, und das wird ersichtlich, wenn man sich vor Augen führt, dass ich morgens, wenn ich in die Wanne steige, zuerst den Brausekopf aus der Halterung hänge und den Heißwasserhahn aufdrehe, um das kalte Wasser aus der Leitung zu lassen, weil ich nämlich warm dusche, mich aber am plötzlich aus der Leitung schießenden Wasser nicht verbrühen will, und deshalb den Brausekopf in leicht gebückter Haltung vor meine Füße halte, in einem Abstand von annähernd zwanzig Zentimetern, damit ich durch den aufsteigenden Dampf spüre, wie es wärmer wird und ich wenig kaltes Wasser dazu mischen und den Brausekopf leicht gegen meine Beine neigen kann, um die Temperatur zu prüfen, denn bei einem intakten, nicht sabotierten Duschkopf streuen die Düsen das Wasser in einem Winkel von dreiundvierzig Grad bis auf Kniescheibenhöhe, wodurch ich in der Lage bin, die Brause mit einer knappen Bewegung augenblicklich von meinem Körper wegzulenken, sollte das Wasser zu heiß oder zu kalt sein, was aber kaum vorkommen mag, beträgt in diesem Etablissement die Heißwassertemperatur doch erstaunliche 83 Grad Celcius, und was die Direktion mit dieser hohen Temperatur im Therapieplan beabsichtigt, wäre Grund für eine eigene Untersuchung, soll hier aber nicht Thema sein, jedenfalls riskiere ich mit meiner Methode allerhöchstens gerötete Füße, was trotz Vorsicht leider nicht immer zu vermeiden, allerdings mit einem kurzen eiskalten Guss aus der Welt geschaffen ist, hingegen fatale Folgen hat, wenn der heiße Strahl nicht die Füße, sondern einen anderen, höher gelegenen Teil des Körpers trifft, was nur möglich ist, falls das Wasser breiter streut, über neunzig Grad, wobei das Verblüffende ist, dass dieser Winkel bei zweiundsechzig von dreiundsechzig Düsen vollkommen harmlos verläuft, da nämlich ein Abstrahlwinkel bei zweiundsechzig Düsen das Wasser entweder nach hinten, vom Körper weg, oder links oder rechts an den Beinen vorbei abstrahlen, oder, und dies betrifft die achtzehn Düsen auf der körperzugewandten Seite, durch die erwähnte Neigung folgenlos an der Innenseite des Brausekopfes abprallen lässt, und folglich nur eine dieser Düsen in der Lage ist, durch eine gezielte Verstopfung auf der dem Zentrum zugewandten Seite einen feinen, sehr druckvollen Strahl in die empfindlichen Regionen zu platzieren.

MELANIE Er hat sich den Sack verbrannt.

GOSBOR Bitte keine Kommentare. Vielleicht ein unglücklicher Zufall.

BUFF Jemand will mich hier zugrunde richten, und dieser jemand ist diese impertinente Dusek, diese osteuropäische Schleimspur, die es nicht erträgt, dass ich auf ihre unhygienischen, ekelhaften Vulgäravancen mit nichts als eiskalter Contenance reagiert habe, und dazu passt, dass sie mir das Beschwerdeformular –

Tony *tritt auf und setzt sich auf einen Stuhl.*

GOSBOR Tony. Sie haben sich verspätet. Sie möchten bestimmt auch, dass die Gruppe pünktlich und vollständig ist. Pünktlich und vollständig.

ARVYL Die Uhr tickt, da hat sie recht, aber sie tickt für uns alle. Und hier ist der Beweis. *Er hält das Buch hoch.* Wer Augen hat, der sehe, wer Ohren hat, der höre.

GOSBOR Danke, Arvyl. Melanie. Was haben Sie uns heute zu sagen.

MELANIE Was mich im Augenblick beschäftigt, ist Folgendes. Ich habe nämlich festgestellt, dass ich mit dem Rücken den Boden nicht berühren kann. Nicht vollständig. Es bleibt eine Lücke. *Sie legt sich rücklings auf den Boden.* Seht ihr. Im Kreuz. Da bleibt eine Lücke, ein Hohlraum.

GOSBOR Was stört Sie daran.

MELANIE Einen Hohlraum im Rücken finde ich auf eine Weise abnormal.

GOSBOR Versuchen Sie, ihr Problem als Wunsch, als Aufgabe zu formulieren. Zum Beispiel einen Satz zu bilden mit: »Ich möchte.«

MELANIE Ich möchte nicht, dass unter meinem Rücken eine Lücke bleibt.

GOSBOR Ja, gut, besser ist eine positive Formulierung. Ohne »nicht«.

MELANIE Ich möchte, dass unter meinem Rücken eine Lücke bleibt.

GOSBOR Aber das möchten Sie ja nicht.

MELANIE Eben.

GOSBOR Formulieren Sie, was Sie möchten.

MELANIE Ich möchte lieber nicht.

TONY *hebt die Hand.*

GOSBOR Tony. Sie möchten etwas sagen. Das freut mich. Bitte.

TONY »Durch vorsorgliche Maßnahmen könnte man der durch das Überwuchern Minderwertiger drohenden Degeneration unserer Bevölkerung entgegenarbeiten.«

GOSBOR Was meinen Sie damit.

TONY »Schon heute sind die Anforderungen an den Staat für Bau und Unterhalt aller möglichen Versorgungs- und Strafanstalten sehr drückend und immer noch wachsend. Wenn wir nicht lernen, diesen Massen wenigstens für eine spätere Zukunft einen Damm zu setzen, so werden bei unseren Nachkommen die gesunden und lebenskräftigen, kulturtragenden Elemente notleiden unter den Lasten der Fürsorge für die Kranken und Elenden, Unbrauchbaren und Schädlichen.«

GOSBOR Tony, ich verstehe Ihre Not, aber Sie haben kein Recht, ihre Kollegen zu beleidigen –

TONY – ich habe doch nur –

GOSBOR – nein, wir werden hier jetzt abbrechen. Und sehen uns morgen wieder.

TONY Ich habe bloß Ihren Kollegen zitiert. Hans W. Maier. Ein Psychiater. Und ehemaliger Direktor dieser Klinik. Steht im Band 23, Seite 27.

Jetzt verlassen Melanie, Buff und die Gosbor den Raum, nur Arvyl ist mit Tony sitzen geblieben.

ARVYL Sie glauben dir nicht. Aber mach dir nichts draus. Mir glauben sie auch nicht. Sie werden ihr blaues Wunder erleben, ein wasserblaues Wunder. Hier. Das ist der Beweis. *Er klopft auf das Buch.* Er schmilzt, mein Junge, er schmilzt.

TONY Wer schmilzt.

ARVYL Der Permafrost, in Sibirien und am Nordpol, überall. Permafrost klingt so technisch, in Wahrheit ist das eine riesige, gefrorene Gemüsesuppe, und wenn die jetzt auftaut, dann freuen sich diese winzigen Tiere. Wie heißen die. Mikroben. Die machen sich ans große Fressen. Kann man ja nichts dagegen haben. Denkt man. Ist ja nicht futterneidisch. Dumm ist nur: Fressen heißt scheißen. Das ist eine Zwangsläufigkeit. Und da liegt das Problem. Scheiße ist warm, das weiß jeder, und diese warme Scheiße taut noch mehr von der Gemüsesuppe auf, und noch mehr Mikroben machen sich ans Futtern, noch mehr Scheiße entsteht. Eine Kettenreaktion nennt man das. Das müsste einen nicht kümmern, wenn es normale Scheiße wäre. Wir reden hier ja von der Arktis und von Sibirien, da geht ohnehin keiner freiwillig hin, gibt es ja nichts zu sehen. Kann von mir aus meterdick Scheiße in der Taiga rumliegen. Kümmert mich nicht. Kümmert dich nicht. Kümmert keinen. Aber jetzt pass auf. Erstens: Wir leben auf einem mächtigen Stück Eis. Sind sich die meisten nicht bewusst, ist aber eine wissenschaftliche Tatsache. Ein Viertel unserer guten alten Erde ist steinbein gefroren. Mutter Erde ist ein kaltes Biest, und da liegt eine ziemlich große Gemüsesuppe im Tiefkühler. Und eine große Gemüsesuppe bedeutet viel Scheiße, das lässt sich nicht ändern. Und der zweite Punkt ist: Das ist keine normale Scheiße, was diese Mikroben da oben von sich kacken, keine ordentliche, brave, harmlose Plumpsscheiße. Das ist eine richtig fiese Scheiße. Und weißt du warum. Diese Scheiße ist gasförmig. Kohlendioxid, CO_2 oder, noch übler, Methan, CH_4. Richtig üble Treibhausgase. Viel davon. Bleibt also nicht liegen, sondern steigt auf, und den Rest kannst du dir vorstellen. Es wird noch wärmer. Noch mehr Suppe, noch mehr Mikroben, noch mehr Scheiße. Schon wieder eine Kettenreaktion. Gut. Muss vielleicht nicht weiter schlimm sein. Vielleicht steigt das Weltklima bis zum Ende des Jahrhunderts deswegen bloß um sechs Grad. Sechs Grad, ich meine, die bringen keinen um. Zieht man sich halt die Strümpfe aus. Allerdings. Sechs Grad wärmer war es zuletzt vor ziemlicher langer Zeit. Vor fünf Millionen Jahren, um genau zu sein. Im Pliozän. Weißt du noch, Tony, damals, im Pliozän. Die Alpen steigen weiter, Vulkane brechen aus, Koniferen beherrschen die Tundren- und Gebirgsregionen, im Innern der Kontinente verdrängen steppenartige Grasländer die Wälder. Das letzte laubfressende Pferd stirbt aus, das arme Tier, und in Südamerika herrschen die Terrorvögel, die mit ihren axtartigen Schnäbeln die Schädel der Beuteltiere knacken. Die leben da wie die Könige, denn von diesen Beuteltieren gibt es reichlich, und die Terrorvögel schlagen sich die Bäuche voll und freuen sich des Lebens. Was sie nicht ahnen können: Im Norden entsteht gerade eine Landverbindung, und über diese Brücke drängen nun die Säbelzahnkatzen in den Süden, riesige Raubtiere mit rasiermesserscharfen, armlangen Eckzähnen. Und das wars dann mit den Terrorvögeln. Sie glaubten noch, sie seien die Topräuber, aber da kam schon ein anderer Spitzenprädator und stieß sie von der Spitze der Pyramide. Und das ist ein tiefer Fall, bis ganz nach unten, bis zur Ausrottung. Tja. Steht alles da drin. Das ist der Beweis. Sie müssten nur lesen, dann würden sie glauben.

Tony Was hast du eben gesagt.

Arvyl Die Terrorvögel, mein Junge.

Tony Nein, was sie tun müssten.

Arvyl Lesen, mein Junge, sie müssten lesen, dann würden Sie glauben.

Tony *küsst Arvyl und lässt ihn stehen.*

Das größte Mysterium

In der Wohnung des Professors. Er sitzt an einem Tisch,
versunken in eine unbekannte Tätigkeit.

LORENA Falls Sie an Schadensersatz denken: Sie sind ganz und gar freiwillig in diese Mulde –

TONY Ich will mit ihm reden.

LORENA Er kann Sie jetzt nicht empfangen. Der Professor ist beschäftigt.

TONY Er ist Professor. Wie ist sein Name.

LORENA Blonay. Jean-François Blonay.

TONY Blonay. Wie buchstabiert man das.

LORENA B-L-O-N-A-Y.

TONY Dieser Name steht auf den Büchern.

LORENA Sie wissen offensichtlich nicht, wen Sie hier vor sich haben.

TONY Hat er die Bücher geschrieben, die er mir auf den Kopf –

LORENA Das wäre ja dasselbe, als wäre Napoleon ganz alleine in die Schlacht gezogen. Er hat den offiziellen Bericht als Herausgeber verantwortet.

TONY Und warum schmeißt er das Zeug aus dem Fenster.

LORENA Der Herr Professor hat der Historie abgeschworen. Der Bericht, wie er es formuliert, sei nicht nur sein Lebenswerk, sondern auch sein Lebensunglück.

TONY Das verstehe ich.

LORENA Da er von der Regierung dieses Landes den Auftrag erhalten hatte, glaubte er, die Verpflichtung zur Wahrhaftigkeit, zur schonungslosen Darstellung der Zusammenhänge, sei im Sinne der Allgemeinheit, und da, so der Professor, für eine solche Aufgabe nur die furchtlosesten, gründlichsten Geistesgrößen in Frage kamen, versammelte er die herausragendsten Koryphäen, das heißt, er habe sie zusammenkratzen müssen, denn tatsächlich sei der Geist hierzulande beinahe ausgerottet, und er habe zu spät seinen Fehler begriffen, so der Professor, denn es sei niemals darum gegangen, ein exzellentes Werk in Auftrag zu geben, weil nämlich hierzulande alles, was exzellent sei, gleichzeitig eine Gefahr darstelle. Worauf es ankomme, sei das Ordinäre, die Gewöhnlichkeit in Form und Inhalt, dieses Land mit seinen Institutionen sei nur dazu da, die Schönheit mit Dreck zu bewerfen, den Scharfsinn ins Lächerliche zu ziehen, die Intelligenz der Dummheit zu überführen und der Ehrlichkeit, die ihn angetrieben habe, so der Professor, niedere Motive zu unterstellen. Man habe ihn, vom ersten Augenblick an, da er den Auftrag übernommen hatte, mit Schmutz beworfen, nicht etwa, um ihn auszusondern, wie er zu Beginn noch glaubte, im Gegenteil, die Fäkalisierung seiner Persönlichkeit, wie der Professor sich ausdrückt, sei die hierzulande übliche Form der Integration. Da jeder stinke, müssen alle stinken, da dieses Land eine Latrine sei, eine Jauchegrube, ein Abtritt, sei der Kot im Gesicht das Zeichen der Zugehörigkeit, und wessen Atem nicht nach Ausguss rieche, wer nicht bis zu den Ohren in den Exkrementen stecke, der könne nicht Mitglied dieser Gemeinschaft sein. Es sei einleuchtend, so der Professor, dass die Feinsinnigen, Zarten und Subtilen in den Kloakendämpfen unweigerlich zugrunde gingen, meistens schon im Kindesalter abstürben, wie der Herr Professor sich ausdrückt, falls sie denn überhaupt noch gezeugt und geboren würden. Denn durch die Jahrzehnte habe sich ein Geschlecht durchgesetzt, dem die Expektorationen nichts anhaben können, das robust genug sei für ein Leben im Abort, mehr noch: diesen Menschen sei die Unflätigkeit der Dünger, aus dem sich ihre flatulierende Existenz entwickle, wie der Professor sich ausdrückt, und das gelte für sämtliche Einrichtungen, für die Universitäten, für die

Wirtschaft und in der reinsten Form für die Politik. Sei er die meiste Zeit seines Lebens davon ausgegangen, dass wenigstens an der Spitze dieses Staates eine gewisse Vorzüglichkeit zu finden sein müsse, so habe er nun gelernt, wie gerade dort die Niedertracht am tiefsten sei, und es sei kein Wunder, so der Herr Professor, dass sich Magistrat auf Kastrat reime, denn die wichtigste Voraussetzung zur Eignung für das höchste Staatsamt sei geistige Impotenz, ein vollständiges Fehlen einer konsistenten Haltung. Rückgrat, so der Herr Professor, sei hierzulande Synonym für Lebensuntüchtigkeit. Und da man sich dessen bewusst sei, zeichne man von sich selbst ein Bild des Anstandes, der Stabilität und Berechenbarkeit, damit man, kaum erfordere es der Tag, die letzten Werte der Menschlichkeit meucheln könne, und selbst die Glaubenssätze, die man über Jahrzehnte als heilige Monstranz vor sich hergetragen habe, würden ohne zu zögern von einer Sekunde auf die andere in den Orkus geworfen, und was man sich täglich als Leitsatz einverleibt habe, werde zwischen zwei Mahlzeiten dem Vomitorium übergeben. Die einzige Tugend sei der Verrat, das einzige Prinzip der Opportunismus, und er habe spät, aber glücklicherweise nicht zu spät begriffen, dass ein geschichtliches Werk hierzulande nicht durch seine Gewichtung als Angriff auf das Zusammenleben begriffen werde, sondern durch die Darstellung des Vergangenen selbst, weil nämlich zwangsläufig die Prinzipienlosigkeit, die Speichelleckerei, die Korruption und die Heimtücke als Grundpfeiler der hiesigen Identität zutage trete. Und so komme es, wie man bereits vor hundertsechzig Jahren feststellte, dass sie alle möglichen Sagen und wunderlichen Geschichten ihrer Gegend mit der größten Genauigkeit erzählen können, ohne zu wissen, wie es zugegangen ist, dass der Großvater die Großmutter nahm – denn wenn sie es erführen, so der Herr Professor, dann würden sie sich schämen, ein Spross dieser Verbindung zu sein. Und so habe er, so der Professor, das Geschichtswerk in die Mulde geworfen und es der einzigen sinnvollen Verwendung zugeführt, als Futter für die Kehrichtverbrennungsanlage, damit das brennende Papier wenigstens die Stuben der braven Bürger wärme.

TONY Er hat die Bücher verbrannt.

LORENA Und es geht ihm seither deutlich besser. Er hat nun Zeit für seine wirkliche, neu entdeckte Berufung.

TONY Was tut er da eigentlich.

LORENA Er kategorisiert. Erstens die Farbe, zweitens die Größe, drittens die Art der Fixierung, viertens das Material. Vielleicht sollten wir hinten beginnen, denn das Material ist in gewisser Hinsicht die anspruchsvollste Kategorie. Am häufigsten ist bei Weitem Kunststoff, gefolgt von Holz, Metall, Glas, Perlmutt, Posamenterie, Knochen, Schildpatt, Porzellan, Steinnuss, wofür der Herr Professor eine berufliche Zuneigung verspürt, ist die Hohezeit der Steinnuss doch seit vielen Jahrzehnten vergangen und also historisch, und schließlich, sehr selten, Edelstein, dies allerdings nur theoretisch, denn wir kennen bloß einen einzigen Fall, nicht wahr, Herr Professor, es war doch Achat? *Der Professor schaut auf mit leeren, müden Augen.* Das sind die neun Materialkategorien, wobei die meisten von ihnen zahlreiche Unterkategorien aufweisen. Kunststoff ist nicht einfach Kunststoff, es gibt etwa Acryl, Nylon, Bakelit, Kunstharz, der Herr Professor Blonay hat dazu neun Unterkategorien –

BLONAY Zehn –

LORENA – zehn Unterkategorien definiert, es würde zu weit führen, Ihnen jede vorzustellen, aber Sie können sich vorstellen, dass auch Holz differenziert betrachtet werden will, Kirsche, Birke, Eben, Eiche, Pappel – wie viele sind es hier, Herr Professor Blonay –

BLONAY Zwölf.

LORENA Beim Metall treffen wir vorwiegend auf Messing, Zinn kaum, es führt bei manchen Menschen zu Allergien, Aluminium kommt vor, aber nur bei billigen Exemplaren, die sprichwörtlichen aus Silber und Gold existieren tatsächlich, sie werden vermuten, wie selten, aber ich will das hier abkürzen – alles in allem hat der Herr Professor neun Materialkategorien mit vierunddreißig Unterkategorien definiert. Alle scharf, notfalls mit spektralanalytischen Methoden differenzierbar, was für den Bereich der nächsten Kategorie, jener der Farben, zwar ebenfalls und in einem noch viel stärkeren Maße möglich wäre, da jeder Farbton nichts anderes als eine exakte Wellenlänge des reflektierten Lichtes repräsentiert, möglich, wie gesagt, aber kaum sinnvoll, weil das menschliche Auge einen groben Maßstab anlegt und ein, sagen wir, dunkles Flaschengrün kaum von einem hellen Tannengrün unterscheiden kann. Der Herr Professor hat sich für dreiundzwanzig verschiedene Farbtöne plus die Nichtfarben Weiß und Schwarz entschieden, eine Vereinfachung, die für die Kategorie der Größe nicht möglich ist, da dort das ästhetische Empfinden äußerst empfindlich auf Unterschiede reagiert und ein ansonsten identisches, doch um einen Hauch zu großes oder zu kleines Exemplar störend wirkt, und es hier deshalb um Millimeter geht, was auch gleich die Einteilung bestimmt, nämlich in Millimeter, wobei das kleinste beschriebene Exemplar anderthalb und das größte vierundsechzig Millimeter im Radius misst und der Herr Professor also einundsechzig Knopfkaliber kennt. Bleibt noch die Art der Fixierung, hier gibt es ausschließlich zwei, nämlich eben Loch und Schlinge, die keine Unterkategorie kennt. Die Löcher kommen vor in der Anzahl zwei, vier, und höchst selten sechs oder drei, eine, wie wir vermuten, wahrscheinlich französische Spielerei ohne jeden praktischen Nutzen.

TONY Knöpfe. Er sortiert Knöpfe.

LORENA Die Heilsarmee bringt wöchentlich eine Kiste, da sich bei der Verarbeitung der Alttextilien häufig die Applikationen, vornehmlich die Knöpfe, von den Kleidern lösen.

TONY Wozu, in Gottesnamen.

LORENA Weil es sein muss. Der Herr Professor glaubt an die

Aufklärung und die Zivilisation, an den kulturellen Fortschritt – und dieser Glaube bedeutet für ihn ein Kampf um Nuancierung, er hat sein Leben lang gegen Pauschalisierungen gekämpft, was eben sein Lebensunglück ist, wie er es selbst nennt, weil nämlich die Öffentlichkeit ausschließlich Pauschalisierungen verlangt, er aber, verstehen Sie, in seinen Arbeiten versucht hat, sämtliche Umstände, die ein geschichtliches Ereignis bestimmt haben, in aller Eigenschaftsfülle darzustellen. Verkürzung war dem Herr Professor Blonay stets ein Gräuel. Gott, so sagt er oft, liegt für ihn im Detail, und genau dieses Detail will wahrgenommen und anerkannt werden, und warum sollte er gerade bei dieser Arbeit seine Grundsätze in den Wind schlagen.

BLONAY *stößt hörbar Luft aus.*

LORENA Das wars für diese Woche. Ich werde Tee und ein paar Häppchen bringen. Sie dürfen derweil –

Blonay Hier. Schau dir das an.

TONY Was ist das.

BLONAY Ein Rätsel. Ein Geheimnis.

TONY Ein Knopf. Ein ganz gewöhnlicher Knopf.

BLONAY Schau genau hin.

TONY Er hat nur ein Loch.

BLONAY Ein Knopf mit nur einem Knopfloch. Kann es ein größeres Mysterium geben. Handelt es sich um einen Fabrikationsfehler. Oder existiert eine mir bisher unbekannte Technik, mit der man einen Knopf mit einem einzigen Loch annähen kann.

TONY Das kann ich nicht –

BLONAY Vielleicht auch bloß die Infamie eines Heilsarmisten, der mich um den Verstand bringen will. Wie kann ich es wissen. Wie kann ich es wissen.

TONY Herr Professor, vielleicht –

BLONAY Ich brauche ein zweites Exemplar. Dann weiß ich, ob dies Wahnsinn ist oder System.

LORENA So, der Tee ist da. Jetzt wollen wir uns ein gesundes Tässchen gönnen, und dann macht sich Herr Professor wie-

der an die Arbeit. Eben kam nämlich eine neue Lieferung
von der Heilsarmee, fünf schöne Kilo frischer Knöpfe, ist
das nicht ein Segen.

BLONAY Vielleicht ist er da drin, der zweite Knopf mit nur
einem Loch. Hilfst du mir suchen, na, hilfst du mir suchen.

TONY *flieht.*

Vom Glauben und vom Wissen

In Lisas Wohnung, ein bisschen später.

LISA Was soll das heißen: Es ist wahr. Was heißt: Ich war bei
diesem Professor, er hat die Bücher nicht geschrieben, aber
herausgegeben, es handelt sich um einen offiziellen Bericht
über das Verhalten der Schweiz im Zweiten Weltkrieg.
Und was heißt: Er will mit diesem Zeugs nichts mehr zu
tun haben, weil es nur Unglück bringt und deshalb hat er
die Bücher aus dem Fenster geworfen. Was heißt: Er sortiert jetzt Knöpfe. Knöpfe, Tony. Und was heißt: Ich war
in der Bibliothek, und das Seltsame ist, dass es die Bücher
zwar gibt, sie aber seit ewigen Zeiten von einem Typen aus-
geliehen sind, der im Wald lebt und auf die Rückrufe und
Mahnungen nicht reagiert. Und was bitte heißt: Ich musste
ein paar Tricks anwenden, um an seinen Namen zu kommen, und jetzt habe ich deswegen kein Geld mehr. Was
heißt: Kannst du mir bitte etwas vorschießen, zum aller-
allerletzten Mal. Und was bitte heißt: Mach nicht dieses
Gesicht, Lisa, ich weiß, das klingt alles unglaublich.

TONY Naja.

LISA Ist das die Geschichte vom kleinen Tony, der wissen
wollte, wer ihm auf den Kopf gemacht hat.

TONY Du glaubst mir also immer noch nicht.

LISA Glauben, ich werde dir sagen, was ich weiß. Ich weiß,
dass du in diese verdammte Mulde gestiegen bist, obwohl
ich dich gewarnt habe. Ich habe gesehen, mit eigenen
Augen, wie du einen großen Packen Bücher auf den Kopf

gekriegt hast, und ich habe gesehen, wie sie dich ins Krankenhaus und danach in die Psychiatrie gebracht haben, von wo du gestern Abend ohne Nachricht abgehauen bist. Die Polizei war hier, Tony.

TONY Die Polizei. Was wollten sie.

LISA Es gibt ein paar Menschen, die sich um dich sorgen.

TONY Aber ich kann doch nicht –

LISA Du gehst wieder zurück in die Klinik.

TONY Zuerst brauche ich die Bücher.

LISA Denkst du auch einmal an mich. Was soll ich den Leuten im Betrieb antworten, wenn sie mich treuherzig nach deinem Befinden fragen. Ich habe dir diese Arbeit verschafft, sie zählen auf dich, aber du hast nichts Besseres zu tun, als Privatdetektiv zu spielen, während ich stille auf meinem Stühlchen sitze wie ein erschrecktes Vögelchen und bloß nicht auffallen will, damit sie mir keine Fragen stellen. Du hast meine Arbeit verdorben, Tony.

TONY Dann geh halt weg, wenn sie das nicht verstehen.

LISA Weg. Ich will nicht weg. Nicht schon wieder. Wie sieht das aus, schon wieder die Stelle gewechselt, nach anderthalb Jahren –

TONY Das letzte Mal war es nicht deine Schuld.

LISA Soll ich das in meinen Lebenslauf schreiben. Schon wieder die Stelle gekündigt, aber es war nicht meine Schuld. Man sieht, was man sieht. Eine, die kein Sitzfleisch hat. Das da draußen, Tony, das nennt man das Berufsleben, da interessiert sich niemand für deinen treuen Hundeblick, für dein gutes Herz. Es kümmert keinen, dass du eigentlich ein guter Kerl bist, dich nur öfters benimmst wie ein Vollidiot, dass du eigentlich pünktlich bist, leider nur ständig zu spät kommst. Eigentlich interessierts keinen. Ich will aus meinem Leben etwas machen, ich habe keine Lust, noch in zehn Jahren Werbeschriften einzutüten und abends die Scheißhäuser der feinen Herrschaft zu putzen, nur um mir alle paar Wochen einen Tag wie diese feinen Herrschaften zu gönnen. Ich ersticke.

Tony Leihst du mir jetzt etwas.

Lisa *Sie gibt ihm Geld.* Ich schenke es dir. Und komm erst
wieder, wenn du was anzubieten hast, irgend etwas.

Der Affengeist

Tony betritt eine Hütte im Wald. Ein Altar aus Büchern. Ein Mann sitzt mit geschlossenen Augen davor. Kerzenschein. Tony geht auf leisen Sohlen zu den Büchern und nimmt sich einen Band. In diesem Moment öffnet der Mann die Augen.

WÜTHRICH Was tust du.

TONY Ich –

WÜTHRICH Frevel.

TONY *liest.* Das sind sie. *Er nimmt einen anderen Band, liest.* Alles da, Wort für Wort. *Er wirft auch diesen zu Boden, nimmt einen dritten, der Altar fällt zusammen.*

WÜTHRICH Sakrileg. Du hast den Altar der Schande zerstört.

TONY *wirft Wüthrich den Band zu.* Schlagen Sie auf, nennen Sie mir die Seitenzahl.

WÜTHRICH 132.

TONY Der Brief eines gewissen Oskar an seinen Bruder. »Lieber Hermann, leider hat es mich erwischt. Ich habe den Schweizern zu sehr getraut und muss dafür büßen.«

WÜTHRICH Büßen, ja, lass uns büßen.

TONY »Zwischen 31.8. und 1.9. passierte ich die Grenze und wurde bei Genf von einem Gendarm festgenommen. Man versicherte mir, dass ich in Sicherheit sei und in der Schweiz bleiben kann. Dies wurde mir von allen behördlichen Seiten bestätigt, sodass ich mich in Genf im Fußballplatzstadion, wo man mich hinbrachte, vollkommen sicher fühlte. Am nächsten Tag kam ein Auto (man sagte mir und mehreren Schicksalsgenossen, es gehe zur ärztlichen Visite) und brachte uns direkt zur französischen Grenze, wo man uns der dortigen Gendarmerie übergab. Dies spielt sich jeden Tag so ab.«

Wüthrich Was ist das für ein Trick.

Tony »So schaut es bei Euch in der Schweiz aus. Jetzt bin ich mit mehreren hundert Männern, Frauen und Kindern im Lager und warte den Abtransport ab, da eine Befreiung für mich nicht in Frage kommt. Flüchten hier ausgeschlossen, werde alles versuchen, habe aber wenig Hoffnung. Kein Mensch weiß, wohin es geht, Polen, besetzte Zone oder Deutschland. Von hier sind schon ca. 2000 Personen abtransportiert worden. Fürchterliche Szenen spielen sich ab.«

Wüthrich Heiliger Antonius. Du hast den ganzen Band im Kopf.

Tony Nicht nur diesen. Alle.

Wüthrich Fünfundzwanzig Bände hast du auswendig gelernt.

Tony Auswendig ja, aber gelernt habe ich Sie nicht. *Pause.* Sie sind mir auf den Kopf gefallen. Und seither dort gespeichert. Ich habe den Beweis. Ich bin nicht verrückt. Sie werden mir glauben müssen.

Wüthrich Schande, ewige Schande. *Er weint.*

Tony Warum weinen Sie.

Wüthrich Weil du nicht weinst. Weil keiner weint. Nicht um Oskar, nicht um die Väter, die eines Tages ohne Nachricht nicht zu ihren Familien zurückkehrten, zurückkehren und zurückkehren werden. Ich weine um die Mütter, die um ihre Kinder weinten, weinen und weinen werden. Ich weine über die Ignoranz, über die Dummheit, die Gewinnsucht, die Herzlosigkeit, die Selbstsucht, die Verleugnung. Ich weine um jene, die ohne Erfolg aufbegehrten, aufbegehren und aufbegehren werden, in KwaZulu Natal, in Minsk, Misrata und in Homs, ich weine über das Schweigen, über die abgewandten Blicke und über das Wachs in den Ohren der Menschheit. Ich weine über die Unschuldigen, die ermordet wurden, ermordet werden und ermordet werden werden. Ich weine, weil du nicht weinst.

TONY Es ist nicht meine Schuld.

WÜTHRICH Niemand ist schuldig, niemand ist verantwort-
lich, niemand meint es böse, niemand will dem anderen etwas wegnehmen. Niemand tötet und niemand lügt, niemand stiehlt und niemand betrügt. Und doch ist ein Weinen
in dieser Welt der Unschuldigen, in der keiner verletzt, aber
viele schreien. Ich will kein Niemand sein, lieber der Jemand, der weint. Ich trage, was keiner trägt. Wenn keiner
schuldig ist für nichts, dann bin ich schuldig für alles.

TONY Ein bisschen viel Gewicht auf nur zwei Schultern.

WÜTHRICH Bleibe hier, dann sinds schon vier.

TONY Das kann ich nicht. Ich will leben.

WÜTHRICH Das wollte Oskar auch. *Er hustet.*

TONY Dieser Ort macht krank. Es ist kalt, feucht. Was ist
das da. Sind das Pilze.

WÜTHRICH Orangefuchsige Rotköpfe. Sehr selten und sehr
giftig. *Er hustet schlimmer.*

TONY Sie brauchen einen Arzt.

WÜTHRICH Ich brauche einen Nachfolger. Jemand, der mit
mir den Altar neu errichtet. Wir werden die Dokumente
des Schreckens bis über die Hütte hinaus stapeln, höher als
die Tannen, bis hinauf in die Wolken, eine Säule aus Hass,
eine stinkende Stele der menschlichen Niedertracht. Und
du wirst ihr erster Hüter.

TONY Ich.

WÜTHRICH Du trägst die Schande in dir. Wort für Wort,
Komma für Komma. Du bist das lebendige Zeugnis, und du
wirst das Zeugnis weitergeben an den nächsten Hüter, so
wie du heute den Altar von mir erhalten hast.

TONY Und Sie.

WÜTHRICH Ich werde mich mit den Rotköpfen zu den Tie-
ren ins Moos legen.

TONY Nehmen Sie es mir nicht krumm. Aber ich hatte andere Pläne.

WÜTHRICH Dann geh. Lass mich alleine mit den Dämonen
tanzen.

TONY Sie werden sich doch nicht –

WÜTHRICH Das braucht dich nicht zu kümmern. Wie nichts dich kümmert. Wie Oskar dich nicht kümmert, und wie dich keine der Geschichten kümmert, die du in deinem Kopf hast.

TONY Das Zeug ist mir unheimlich.

WÜTHRICH Gut so.

TONY Ich sehe die Buchstaben, die Worte, lese die Sätze, verstehe sie und weiß trotzdem nicht, was sie bedeuten. Weiß nicht, warum ich sie kenne, und ich frage mich, warum sie ein Teil von mir sind, wie eine fremde Erinnerung. Als wäre ich ein Blatt, auf das jemand seine Geschichte schrieb. Ich habe nichts mit ihr zu tun, und doch ist sie ein Teil von mir.

WÜTHRICH Es ist deine Geschichte. Die Geschichte deiner Eltern, deiner Großeltern, die dich hervorgebracht haben. Du kannst dein Erbe nicht ausschlagen.

TONY Aber warum gerade ich.

WÜTHRICH Warum nicht du. Warum nicht jeder. Bleibe hier und weine.

TONY Das kann ich nicht. Ich brauche Menschen.

WÜTHRICH Dort wirst du mit deinen Geschichten einsamer sein als hier. Niemand wird sich mit dir erinnern. Oskars Geschichte wird dich heimsuchen, und du wirst niemanden finden, mit dem du deine Pein teilen kannst. Glaube mir. Ich habe es versucht.

TONY Wie.

WÜTHRICH Ich habe geschrieben. Für die Zeitungen. Ich habe in meinen Artikeln an die Opfer erinnert, an die Gedemütigten, an die Toten, an jene, die auf dem Weg verlorengingen, an die Kinder, die man ihren Eltern weggenommen hat, an die Trinker, die Prostituierten, die Mittellosen, die man eingesperrt hat in den Anstalten. Aber man wurde meiner und meiner Geschichten überdrüssig. Man sagte: Wüthrich, diese Geschichten bringen dich noch ins Grab. Du wirst immer blasser, dünner, grauer. Tu dir was Gutes, schreib über Schönes. Entdecke für unsere Leser unbekannte Perlen, wohin sie reisen, die sie sich ins Entree stellen oder ihren Freunden bei einem gemütlichen Essen vorsetzen können. Schreib über abgelegene, unberührte Inseln, über getrüffelten Schinken aus Umbrien, über die schlichten, bestechenden Entwürfe junger dänischer Möbeldesigner. Und ich versuchte es. Ich schrieb über Inseln, Delikatessen und Holzstühle. Aber sie sagten: Wüthrich, du solltest über Inseln schreiben und schreibst über Strafkolonien, statt über Delikatessen schreibst du über Verhungernde, und wo wir über Holzstühle lesen wollten, erzählst du uns von Erhängten. Ich sagte: Ich schreibe, was ist. Sie sagten: Schreibe, was wir lesen wollen.

TONY Vielleicht haben Sie es nicht richtig angestellt. Vielleicht waren sie zu forsch.

WÜTHRICH Das Elend ist keine Stilfrage.

TONY Man fühlt sich so schlecht, wenn man die ganze Zeit über das Elend liest. Und man will sich nicht schlecht fühlen. Vielleicht kann ich die Menschen an ihre Geschichte erinnern, ohne dass sie sich schlecht fühlen.

WÜTHRICH Du. Wie willst du das anstellen.

TONY Man sagt, ich hätte ein angenehme Stimme. Man hört mir zu. Vielleicht kann ich ein paar Menschen überzeugen. Dann wären Sie nicht mehr alleine. Und ich auch nicht.

WÜTHRICH Tony.

TONY Was ist.

WÜTHRICH Hüte dich vor dem Affengeist. Er treibt die Menschen vor sich her. Sie reden und reden, aber sie sagen nichts, sie wiederholen auf ewig denselben Streit, den sie schon vor fünfzig, vor dreißig und vor zehn Jahren fochten, egal, was du ihnen sagst, was immer du von ihnen verlangst, welches Problem sie auch lösen sollten. Sie wollen den Ansichten auf den Grund gehen, aber sie finden keinen Boden, weder in sich noch in der Welt, und so sinken sie redend in die Schwärze der Zeit.

TONY Was soll ich tun.

WÜTHRICH Schweige. Denn manchmal erhebt sich einer,

der niemals spricht, die Stimme, worauf die anderen verstummen. Dann bleibt die Zeit stehen, eine Tür öffnet sich und alles hält inne. Dann wird möglich, was nie möglich war, und was sich endlos um sich selbst im Kreis drehte bis zur schwindeligen Erschöpfung, findet eine Richtung hinaus ins Offene.

Besser Huhn als Schinken

Im Versammlungsraum eines Bürgerradios. Auf Stühlen in einem Halbkreis sitzen Korn, David und Mala, in der Mitte, schweigend und scheinbar in Gedanken versunken, Baum, der Mann, der niemals spricht. Tony sitzt etwas abseits auf einem Stuhl und schweigt. Das Licht ist fahl, irgendwie körperlos, und dazu sind immer wieder seltsame Geräusche zu hören, als ob ein Wassertropfen auf einen Klimperkasten fallen würde.

DAVID Erstens zu seiner Sache. Blonays Arbeit ist restaurativ, um nicht zu sagen, reaktionär. Mit diesem Bericht hat sich das Establishment freigekauft, weswegen seither jede Diskussion über die Kollaboration der Eliten marginalisiert werden kann. Warum sollten wir gerade diesen Druckerzeugnissen Sendezeit gewähren. *Er schaut Tony an.*

MALA Was hast du zu sagen.

TONY *schweigt.*

DAVID Und zweitens, und viel gewichtiger: Da draußen tritt der Kapitalismus gerade in seine letzte Phase, wir müssen die Zukunft bewältigen, nicht die Vergangenheit. Und dazu brauchen wir Menschen, die Ideen haben und keinen wie diesen, der sich zeitlebens selbst marginalisiert hat, dem ein Platz in der Mehrheitsgesellschaft nie verweigert und der nicht deswegen zum Außenseiter wurde, weil er die äußeren Grenzen des bürgerlichen Soziotops gesucht hat, oder durch sein meinetwegen gar nicht bewusstes sondern instinktives Verhalten an den Rand gedrückt worden wäre –

wir haben hier keinen, der die Widersprüche der herrschenden Klasse an und durch seine Existenz zum
Vorschein gebracht und damit wenigstens in seinem be-
grenzten sozialen Verfügbarkeitsbereich ein neues Be-
wusstsein geschaffen hätte für die Widersprüche des real-
existierenden Systems, wem brauche ich sie aufzuzählen.
Ausbeutung der Werktätigen, Plünderung der ökologi-
schen Lebensgrundlagen, Korruption der letzten anstän-
digen Gefühle der durch den Kapitalismus vergifteten Massen –

KORN – als ob er einen Begriff von der Masse hätte, der mit
seiner Einmannpartei –

DAVID – von dir brauche ich mir nichts über Begriffsbildung
beibringen zu lassen, und vielleicht liest du eines Tages,
wenn deine romantische Barrikadenstürmerbegeisterung
nachgelassen hat, doch einmal einen der Klassiker, wenigstens einen, und ich bin zuversichtlich, dass sogar du dann
zur Überzeugung kommen wirst, wie wenig quantitativ
jene den Begriff Masse verwendet haben und ihn qualitativ
verstanden haben, qualitativ, im Sinne, dass in einer vorre-
volutionären Phase hundert Aktivisten viel, mitten in der
Revolution aber hunderttausend wenige sein können, aber
du und deine Kameraden –

KORN – was hat er gerade für ein Wort gebraucht –

DAVID – ihr nehmt ja jeden, der eine Kapuze trägt und einen
Pflasterstein zwanzig Meter weit werfen kann, egal ob das
betreffende Subjekt auch nur den geringsten Ansatz eines
Bewusstseins entwickelt hat, wie in diesem Fall, wo wir
auch nicht das leiseste Zeichen dafür entdecken können,
mit welcher Tat, mit welchem Gedanken sich dieses Subjekt das Recht auf Sendezeit in unserem Bürgerradio er-
worben hätte und sich hier als Opfer der Zustände zu pro-
duzieren, um damit unseren griechischen Genossen, die
sich allerdings im Gegensatz dazu mitten in einem protore-
volutionären Kampf befinden, zu dessen uneingeschränkter
Solidarität –

KORN – uneingeschränkte Solidarität, das kennen wir doch –

DAVID – Solidarität wir hier am Bürgerradio nicht nur aufgerufen, sondern verpflichtet sind, falls wir noch einen letzten Rest Klassenbewusstsein in uns spüren und uns weigern, verbrüderten Genossen in dieser für sie entscheidenden Minute des Kampfes um die Deutungshoheit über die Agonie des verrotteten Nationalstaates die Propagandamittel schmählich zu entziehen, mundtot zu machen für eine Person, die offenbar in einer für sie wahrscheinlich weltgeschichtlich bedeutenden Stunde entdeckt hat, dass der Kapitalismus, von dem sie bis dahin nur die Plüschmatte, die Zuckerseite gesehen hat, auch Zähne, blutige Zähne, einen schlechten Atem und zu allem Unglück einen sorglosen Umgang mit dem Glücksbestreben eines Einzelnen hat, und ich verstehe ja, dass die äußerste Empfindung eines bewusstlosen Subjekts immer nur die ungerichtete Empörung sein kann, die Aufwallung des Gefühls, und ich verstehe ebenso, dass diese Person in ihrem kleinbürgerlichen, borniertem Soziotop nichts anderes gelernt hat als die bekenntnishafte Selbstentäußerung als letzte Reminiszenz an einen jüdisch-christlichen Traditionsbegriff der Schuldhaftigkeit und die Dokumentation der eigenen privatistischen Befindlichkeit als Versuch zur Veränderung des herrschenden Systems schönredet.

MALA Willst du dich zu diesem Vorwurf äußern.

TONY *schweigt.*

KORN Sprich und lege deine Argumente auf den Tisch.

TONY *schweigt.*

DAVID Wenn er nicht bereit ist, sich an diesem Diskurs zu beteiligen, warum sollten wir die knappe und kostbare Sendezeit den griechischen Genossen –

KORN – eine Dichterlesung.

DAVID Was.

KORN Deine griechischen Genossen planen eine Dichterlesung, Liebeslyrik von Sappho bis Kavafis –

DAVID Gerade in diesen Zeiten brauchen die griechischen

Werktätigen hierzulande jede Stärkung ihrer kulturellen Identität –

KORN Kavafis – bourgeois von Herkunft und reaktionär in seiner Dichtung.

MALA Warum soll das über den Äther.

KORN Frag das die Programmgruppe.

MALA Wer leitete letzte Woche die Programmgruppe.

KORN Ich weiß, wer letzte Woche die Programmgruppe leitete.

DAVID Wie gesagt, jede Festigung der kulturellen Identität ist ein solidarischer –

MALA Was sind das für Griechen. Hat man die überprüft.

DAVID Sie zeigten Präsenz am ersten Mai –

MALA Der ist längst unterwandert. Da marschiert sogar die Reaktion in Kompagniestärke.

KORN Allerdings.

DAVID Auch wenn du verständlicherweise in deiner Präpotenz keinen Begriff von der Notwendigkeit der innersystemischen Kritik besitzen kannst, weil du und deine Kameraden –

KORN Da. Da hat er es wieder gesagt. Das nimmst du zurück, die Kameraden nimmst zu zurück –

DAVID – weil ihr vitalerweise auf die Indifferenz der Bewegung angewiesen seid, weil andernfalls nämlich deutlich würde, wie affirmativ letztlich euer Rabaukentum ist –

KORN Militanz, du Hornochse, ist ein legitimes und wirkungsvolles revolutionäres Kampfmittel –

DAVID – in einer revolutionären Situation, von der hierzulande leider auch nicht die winzigsten Ansätze –

KORN – während wir die Bullen beschäftigen, den Repressionsapparat binden, damit dieses Bürgerradio nicht geräumt wird, den revolutionären Straßenkampf in die guten Stuben der Fettwänste tragen, furzt du lieber die Bibliotheken voll und schwängerst die Luft mit deinen formalistischen akademischen Korinthenkackereien und intrigierst in der Programmgruppe, installierst irgendwelche reaktionären Elemente mit bourgoisen Dichterlesungen.

DAVID Die übliche Kraftmeierei der Halbgebildeten, die ihre jugendliche Virilität feiern und doch nur zu faul sind, die Klassiker zu lesen und die Wirklichkeit zu analysieren.

TONY *bewegt sich auf seinem Stuhl, die Aufmerksamkeit der andern wendet sich schlagartig ihm zu.*

DAVID Wir hören.

TONY *schweigt.*

KORN *wieder zu David.* Warts nur ab, so bald die werktätigen Massen einmal an der Macht sind, werden sie schon aufräumen mit dir und –

DAVID Ein paar klare Aussagen zum Tendenz- und Fraktionsrecht als zentrale Elemente innerdemokratischer –

KORN Innerdemokratisch –

DAVID Wundert mich nicht, dass für dich dieses Wort nichts bedeutet.

KORN Du befindest dich wieder auf deinem alten Trampelpfad –

MALA Wir wollten eigentlich –

KORN Auf deinem Trampelpfad ins Unterholz der theoretischen Fachdiskussionen, und was dort lauert, ist kein revolutionärer Löwe, sondern höchstens der müde gewordene Stubentiger, der sich in der trotzkistischen Studierstube räkelt, und das in dieser Zeit, wo die Barrikaden in aller Welt brennen, nur hierzulande nicht wegen deinem einlullenden Gerede.

Nun hebt Baum die Hand, das heißt, er lässt erahnen, dass er im nächsten Augenblick die Hand heben wird, was schließlich unnötig ist, da bereits auf seine Andeutung hin sämtliche Anwesenden auf der Stelle verstummen und ihre Aufmerksamkeit auf Baum richten.

BAUM *leise, zu Tony.* Wie heißt du.

Jemand schubst Tony an, der auf seinem Stuhl eingenickt ist.

TONY Was ist.

BAUM Wie ist dein Name.

TONY Tony, man nennt mich Tony.

BAUM Warum bist du hier, Tony.

TONY Ich war bei Wüthrich.

KORN Bei Wüthrich.

DAVID Du warst in seiner Hütte.

TONY Da komme ich her.

BAUM Sag einmal, Tony, du hast doch bestimmt gegessen.

TONY Gegessen.

DAVID Was war deine letzte Mahlzeit.

TONY Ein Sandwich. Am Bahnhof.

BAUM Huhn.

TONY Schinken, ich nehme immer Schinken.

BAUM Nimm besser das Huhn.

TONY Ich mag lieber –

BAUM Pfeif auf den Schinken und nimm das Huhn. Du hast eine angenehme Stimme, weißt du das, Tony. Erinnert mich an Renato. Oder war es Michi.

DAVID Max, es war Max.

BAUM Max, natürlich. Kanntest du unseren Max, Tony.

TONY Wüsste ich jetzt gerade nicht.

BAUM Könntest sein Bruder sein. Wenn du etwas älter wärst. Auch die Nase und der Mund, habe ich nicht recht. Und deine Stimme ist bestimmt ausgebildet, nicht wahr.

TONY Habe früher gesungen.

BAUM Sag ich es doch. In einem Chor.

TONY In einer Band. Ist eine Weile her.

BAUM Tony. Tony. Tony.

TONY Was ist.

BAUM Willst du uns nicht etwas singen.

TONY Singen. Hier. Jetzt.

BAUM Sing uns ein Lied.

TONY Ich weiß nicht –

BAUM Du warst also bei Wüthrich.

TONY Genau.

BAUM Wie geht es ihm.

TONY Nicht besonders, fürchte ich.

BAUM Lebt er noch in seiner Residenz im Wald.

TONY Das ist ein Bretterverschlag, würde ich sagen.

BAUM Wüthrich lebt in einem Bretterverschlag.

TONY Es regnet durchs Dach und auf seinem Schreibtisch wachsen Pilze.

BAUM Pilze, was für Pilze.

TONY Hab vergessen, wie die heißen. Orange mit einem Schirm.

BAUM Aufm Schreibtisch von Wüthrich wachsen orange Pilze mit Schirm.

TONY Tatsache.

BAUM Du erzählst uns Sachen, Tony –

TONY Habs mit eigenen Augen gesehen.

BAUM Er war einer der Besten, weißt du das. Du kennst bestimmt sein Werk, nicht wahr.

TONY Er hat mir daraus vorgelesen.

BAUM Er hat dir vorgelesen.

TONY Bestimmt zwei Stunden.

BAUM Habt ihr gehört. Wüthrich hat Tony zwei Stunden aus seinem Werk gelesen. Und.

TONY Was und.

BAUM Wie war es.

TONY Ziemlich angeschrägt. Aber es hatte was.

BAUM Ziemlich angeschrägt.

TONY Naja, hört man nicht alle Tage.

BAUM Hast du Schulden.

TONY Schulden.

BAUM Stehst du in den Miesen, befindest du dich in einer finanziellen Notlage.

TONY Ich habe ein paar offene Rechnungen, aber wer hat das nicht.

BAUM Weiß ich nicht.

TONY Wie.

BAUM Weiß ich nicht, wer das nicht hat.

TONY Ein paar Handyrechnungen, die Stereoanlage habe ich noch nicht ganz bezahlt, und Väterchen Staat möchte noch seine Steuern sehen.

BAUM Tony.

TONY Was ist.

BAUM Trag deiner Stimme Sorge. Hörst du. Trag ihr Sorge.
Und lass die Finger vom Schwein. Schwein ist schlecht.
Ziemlich angeschrägt, aber es hat was, sehr gut, angeschrägt
ist sehr gut.

*So steht Baum auf und geht weg, kopfschüttelnd und leise vor
sich hin kichernd. Die anderen folgen ihm, nur Mala und
Tony bleiben sitzen.*

Voodoo Bamboo

*In einem Radiostudio. Gedämpftes Licht, orange Knöpfe, im
Hintergrund immer noch dieses Geräusch, als würde ein
Wassertropfen auf einen Klimperkasten fallen.*

TONY Wo sind alle hin.

MALA Hast du das schon einmal gemacht. Keine Hexerei.
Da ist das Mikrofon. Hier die Räuspertaste. Hast du Musik
dabei. Egal, hier kannst du dich bedienen. Was du magst,
unsere Hörerinnen sind sehr offen. Diese Taste hier leuchtet, wenn du einen Anrufer in der Leitung hast. Einmal drü-
cken, dann ist er auf Sendung, ein zweites Mal und weg ist
die Nervensäge. Das ist die Nummer des Studios.

TONY Muss ich hier alleine –

MALA Das ist ein selbstverwalteter Sender, Freundchen, hier
gibt es keinen, der dir das Händchen hält.

TONY Und wozu ist diese Taste.

MALA Nicht anfassen. Unter keinen Umständen. Nicht die
gelbe Taste. Hast du mich verstanden. *Stille.* Sobald die
Musik zu Ende ist, kannst du loslegen. *Sie verstummt, da
hört man plötzlich sehr deutlich jenes Ploing, das im Hintergrund die ganze Zeit zu vernehmen war.* Das dritte
Konzert für präpariertes Klavier von Eveline Pozlakov. In
der Aufnahme aus Helsinki, 1973. Große Sache, wirklich
eine große Sache.

*Damit geht sie ab. Tony ist alleine im Studio. Er setzt sich die
Kopfhörer auf, hört dem Konzert zu, erschrickt, wenn wieder
ein Ploing erklingt, glaubt dann, die Musik sei zu Ende, er
setzt sich aufrechter hin, holt Atem und will gerade etwas
sagen – da ertönt noch ein Ploing. Er lehnt sich wieder zurück,
es bleibt still, sehr still, jetzt muss die Musik zu Ende sein,
Tony macht sich bereit und will reden, als noch ein Ploing
ertönt, ein tieferes, dumpferes. Dann, nach einer Weile:*

TONY Ja, also, guten Abend, ihr werdet mich nicht kennen,
aber mein Name ist Tony. Ich habe so etwas noch nie gemacht, und ich habe bis vor kurzem nicht geglaubt, eines
Tages hier zu sitzen und zu euch zu sprechen. Aber ich
habe durch, wie soll ich sagen, besondere Umstände von
Geschichten erfahren, die mich nicht mehr loslassen, Geschichten, die sich hierzulande ereigneten, im Zweiten
Weltkrieg, falls euch das etwas sagt. Und diese Geschichten
verfolgen mich, wie soll ich sagen, sie lösen Gefühle aus, die
ich nicht kenne und die ich nicht einordnen kann. Es passiert, wenn ich zum Beispiel an Anton Reinhardt denke. Er
wurde im Jahr 1929 geboren, im Elsass, und sein einziger
Fehler war, dass seine Mutter als Zigeunerin galt. Er hätte
sich deswegen kastrieren lassen sollen, weil die Nazis nicht
wollten, dass der Sohn einer Zigeunerin selber Söhne und
Töchter zeugt. Man schickte Anton deswegen ein Aufge-
bot, sich in einem Krankenhaus zu melden, aber er sah
nicht ein, warum er keine Kinder haben sollte, und deshalb
floh er über die Grenze und schwamm in einer August-
nacht über den Rhein in unser Land. Man griff ihn auf. Die
Polizei verhörte ihn. Anton erzählte seine Geschichte.
Aber man glaubte ihm nicht und schickte ihn ein paar Tage
später zurück. Die Nazis steckten Anton in ein Lager, in
Schirmeck-Vorbruck im Elsass, wo er Zwangsarbeit ver-
richten musste. Man verlegte ihn in ein anderes Lager
Rotenfels. Und von dort brach er aus, mit anderen Häftlin-
gen, doch am 30. März 1945 wurde er in einem Ort namens

Schapbach ergriffen und am Tag darauf, nachdem er sein eigenes Grab hatte schaufeln müssen, von einem Forstbeamten und SS-Hauptsturmführer namens Karl Hauger durch Genickschuss ermordet. Anton wurde achtzehn Jahre alt und verpasste das Kriegsende um fünf Wochen. Der Totengräber, der die Leiche nach der Exhumierung 1946 auf dem Friedhof beisetzte, vermutete, Anton Reinhardt sei lebend in die Grube geworfen und begraben worden, weil an den Fingerspitzen der Leiche das Fleisch fehlte. Ich möchte etwas kleinschlagen, wenn ich diese Geschichte höre, und so ergeht es mir auch mit Oskar H., der wie Anton ein paar Jahre früher in unser Land floh, um Schutz zu suchen vor seinen Verfolgern. Die Zollbeamten beruhigten ihn, er sei in Sicherheit, aber das war eine Lüge, denn auch ihn übergaben sie umgehend der Gestapo. Über seinen weiteren Verbleib gibt es keine Informationen, und ich möchte zu gern wissen, was aus ihm geworden ist. Von Herrn Bernhard Berghaus weiß ich es. Wie Oskar und Anton suchte er in unserem Lande Schutz vor der Verfolgung, allerdings ein paar Monate später, im Mai 1945, als der Krieg bereits zu Ende war. Man sagt, er habe ihm Gepäck Millionen aus dem Vermögen einiger Nazi-Größen mitgeführt. Herr Berghaus war in Deutschland ein wichtiger Mann gewesen. Er war einer der größten und reichsten Industriellen des Landes. Seine Fabriken hatten Bestandteile für Hitlers Waffen geliefert, und weil vor allem Zwangsarbeiter an den Werkbänken gestanden hatten, suchten die Alliierten Herrn Berghaus wegen Verbrechen gegen die Menschlichkeit und verlangten von unseren Behörden seine Auslieferung. Aber der Herr Bundesrat von Steiger setzte sich für ihn ein, denn Herr Berghaus war so freundlich gewesen, den Mitarbeitern unserer Botschaft in Berlin sein Schloss Großwudicke im Milower Land zur Verfügung zu stellen, als die Amerikaner ihre Bomben über der Stadt abwarfen. Das vergaß man ihm nicht, und auch nicht, dass Herr Berghaus Industriepatente besaß. Und man schaffte ihn also nicht wie

Oskar und Anton über die Grenze, sondern ließ ihn bleiben, und als angesehener Bürger, der er war, gab man ihm auch das Bürgerrecht, und so starb Herr Berghaus im Jahre 1966 in der Schweiz als Schweizer. Ich weiß nicht, was daran recht war und was nicht, und ich will nicht urteilen, schließlich war Krieg, aber ich habe heute in der Zeitung von jenen gelesen, die Geld haben und willkommen sind, und von den andern, die nichts besitzen und wieder gehen müssen. Man hat mir gesagt, was ich empfinde, sei die Wut über die Ungerechtigkeit, aber ich weiß nicht, was ich mit dieser Wut anfangen soll, mit dieser Leere, die sich in meinem Kopf breitmacht, was ich machen soll mit meinem stockenden Herzen. Ich wünschte, ich könnte jemanden hassen, aber ich weiß nicht wen, ich wünschte, es gäbe jemanden, den ich beschuldigen könnte. Es würde mir helfen, wenn ich von jemanden wüsste, der dasselbe empfindet, zu erfahren, was ihr da draußen mit euren Gefühlen macht, wie ihr damit lebt. Vergesst ihr einfach. Aber wie geht das. Bin ich der Einzige, der so empfindet. Die Nummer ist die Null Vier Vier, Vier Null Null Eins Zwei Sieben Acht. Und bis ich den ersten Anrufer in der Leitung habe, wärs mir recht, wenn alle, die nicht Lisa heißen, kurz weghören könnten. Lisa. Du wirst mich nicht verstehen, aber ich kann nicht anders. Die Sache quält mich. Aber du sollst eines wissen. Ich liebe dich, hörst du, Lisa, ich liebe dich, und werde dich immer lieben. Egal, was geschieht. *Stille*. Moment, da leuchtet ein Lämpchen. Halleluja. Wir haben einen Anrufer. Ja, bitte, wer ist dran.

SILVIA Ja, hallo, ich bin die Silvia, und ich wünsche mir »Voodoo Bamboo«.

TONY Voodoo Bamboo.

SILVIA Von den Cyclones. Hammersong.

TONY Und wie geht es dir mit Oskars Geschichte.

SILVIA Das ist ein Hammersong, einfach ein Hammersong.

TONY Okay, danke Silvia, ich sehe, wir haben da jemanden in der Leitung.

MALA Tony, ich bins.

Tony Wer bist du.

Mala Ich bins, Mala. Ich hab dir vorhin das Studio gezeigt. Sag den Kurden, die nach dir dran sind, sie sollen endlich ihre verdammten Kebabspieße aus meinem Büro räumen. Die liegen da seit der letzten Aktionswoche. Man kann nicht arbeiten mit Kebabspießen auf dem Schreibtisch. Und sag mal, hattest du Kaffee.

Tony Bis jetzt nicht.

Mala Neben dem Automaten steht die Kaffeekasse. Tut mir leid, aber hier hat jeder das Gefühl, er könne sich umsonst bedienen. Und ich muss dann den Fehlbetrag ausgleichen. Nur weil ich zu blöd war, die Verantwortung für die Kaffeemaschine zu übernehmen.

Tony Mala.

Mala So ein scheiß unsoziales Verhalten.

Tony Wir sind auf Sendung.

Mala Hört ohnehin keiner zu. Außer Silvia. »Vodoo Bamboo« liegt zuoberst auf dem Stapel. Und Tony.

Tony Ja.

Mala Denk an den gelben Knopf. Das heißt, denk besser nicht dran. Klar.

Tony Okay, danke Mala, vielleicht haben wir noch jemanden in der Leitung. Hallo. Ist da jemand. Scheint nicht so. Hört ihr mich da draußen. Die Nummer ist null vier vier, vier null null eins zwei sieben acht. Hat keiner etwas zu sagen. Gut. Schade. Das scheint wirklich nur mein Problem zu sein. Vielleicht kann ich mit Anton Reinhardts Worten enden. Bei den Akten liegt auch ein Abschiedsbrief an seine Mutter: ›Meine liebe Mutter. Ich will euch meinen letzten Wunsch mitteilen, da ich euch nicht mehr sehen werde. Ich wünsche euch eine gute Gesundheit und ein langes Leben. Gute Nacht.‹

Tony verstummt, er zieht sich traurig den Kopfhörer vom Kopf, und als er gerade aufsteht, ertönt dreimal hintereinander das vertraute Ploing.

Als ritze er in jeden Baum ihren Namen

Auf der Straße vor dem Studio. Es hat geregnet.
Ein Mann steht da.

JOHN Tony. Sind Sie das.

TONY Was wollen Sie.

JOHN Siehst du, was das ist, das da, hier, in meinen Augen.
Was da so glänzt. Das sind Tränen. Und weißt du, wer
mich zum Weinen gebracht hat. Das warst du.

TONY Das war nicht die Absicht.

JOHN Kannst du dir vorstellen, wie lange ich auf eine solche
Performance gewartet habe. Du warst echt, ungekünstelt,
engagiert. Und dann plötzlich, wie aus heiterem Himmel,
eine Liebeserklärung, mitten in diesen weltgeschichtlichen
Schrecken wie aus dem Nichts ein Name. Lisa. Diese bewe-
gende Verbindung zwischen dem großen Ganzen und deiner privaten Geschichte. Du hast mit meinen Gefühlen gespielt wie Rubinstein mit seinem Klavier. Ich war in deiner
Hand. Darum geht es. Scheiß drauf, was sie dir erzählen, ob
jemand angerufen hat und für wie dumm sie dich halten. Es
geht um diese Frau, um die du kämpfst, für die du dich mit
deiner Geschichte vor der Stadt entblödest. Sie musste es
hören. Als hättest du in jeden Baum dieser Stadt ihren Namen geschnitten. Welcher Gott hat das geschrieben, welcher Jahrhundertdichter hat dir diese Worte geschenkt.

TONY Das ist mir gerade so eingefallen.

JOHN Tony, frag meine Freunde. Ich bin nicht bekannt dafür, dass ich die Katze einen Löwen nenne. Aber du bist ein
Künstler. Weißt du das. Ein großer Künstler.

TONY Wenn Sie meinen.

JOHN Hör zu, Tony, ich weiß, wie schwer es Künstler haben. Ich weiß, welche Unterstützung sie brauchen. Und ich
bin der Mann dafür. *Er reicht ihm eine Karte.* Ruf mich an,
Tony, gleich morgen. Wir beide, du und ich, wir werden
die Welt zum Weinen bringen.

Die Sehnsucht nach den Wäldern

In Lisas Wohnung. Sie blättert in den Büchern.

LISA Ach, Tony, es tut mir so leid. Es schien einfach zu unglaublich.

TONY Das ist es ja auch.

LISA Ich wusste immer, dass du etwas besonderes bist. Verzeihst du mir.

TONY Wichtig ist, dass wir uns haben.

LISA Aber zufrieden scheinst du nicht.

TONY Ich weiß nicht, was ich tun soll. Die Bücher machen mich traurig und wütend, und es scheint nicht nur mir so zu gehen. Wer immer mit ihnen zu tun hatte, wird unglücklich. Morgen gehe ich zur Gosbor.

LISA Wozu. Du bist nicht verrückt.

TONY Aber ich muss das Zeug loswerden, verstehst du. *Schweigen*. Lisa. Würdest du mit mir in den Wald gehen.

LISA In den Wald.

TONY Ich baue uns eine Hütte, nur für dich und mich.

LISA Und wovon sollen wir leben.

TONY Wir brauchen nicht viel, und was wir brauchen, holen wir uns in der Natur. Beeren, Wurzeln, Pilze, Wasser aus dem Bach, vielleicht einmal ein Fisch. Wir wären für uns, niemand würde uns stören, wir hätten Ruhe vor den Menschen und diesen ganzen Geschichten. Würdest du.

LISA Wenn du nur glücklich wirst. Ich liebe dich. Was hast du da.

TONY Das. Das ist eine Karte, die mir ein Typ vor dem Radiostudio gegeben hat. Er war der Einzige, der mich gehört hat.

LISA *Sie liest*. John Bast. Künstleragent. Tony. Lass uns das versuchen. Und wenn es nicht klappt, dann gehen wir in die Wälder, versprochen.

Die drei goldenen Ringe

In Johns Agentur.

JOHN Es sind drei Ringe.

TONY Was für Ringe.

JOHN Drei goldene Ringe. Warum. Das ist der innerste. Wie. Das ist der zweite. Was. Das ist der dritte Ring. Warum. Wie. Was.

TONY *zu Lisa.* Verstehst du das.

LISA Sei still und hör zu.

JOHN Warum, Tony, warum tust du, was du tust.

TONY Mir ist vor ein paar Tagen ein Packen Bücher –

JOHN Falsch. Das hat damit nichts zu tun. Lisa.

LISA Tony hat Schulden, und er sucht eine Möglichkeit –

JOHN Falsch. Das Geld wird eine Folge sein. Nein. Warum tut Tony, was er tut. Weil er eine Botschaft hat. Und wie lautet diese Botschaft.

TONY Ich bin nicht verrückt.

JOHN Deine Botschaft lautet: Wir sind unglücklich. Ganz einfach. Wir sind unglücklich. Peng. Das ist deine Botschaft.

LISA Wir sind unglücklich.

JOHN Du bist unglücklich. Ich bin unglücklich. Er ist unglücklich. Sie sind unglücklich. Alle sind unglücklich. Alle sind gefangen in der Sinnlosigkeit ihres Daseins. Jeder. Jeder leidet. Du leidest. Ich leide. Und das ist gut.

TONY Was soll gut sein am Leiden.

JOHN Leiden ist kostbar. Leiden bedeutet: Ich bin lebendig. Ich empfinde. Ich empfinde, dass ich unglücklich bin. Und das ist nicht alles. Ich empfinde, dass ich glücklich sein will. Dass ich glücklich sein kann. Jawohl, ich will und ich kann glücklich sein. Aber ich weiß nicht wie. Ich will aus meiner

Grube steigen, aber mir fehlt die Leiter. Ich will eine neue Tür öffnen, aber mir fehlt der Schlüssel. Tony.

TONY Ja.

JOHN Jeder ist unglücklich, und jeder will glücklich sein. Das ist der innerste Ring deiner Botschaft. Dein Juwel. Der Kristall. Verstehst du.

TONY Klar.

JOHN Gut. Der zweite Ring. Wie. Wie werden wir unglücklich. Was sagst du.

TONY Lisa.

JOHN Wie wurdest du unglücklich.

TONY Wie gesagt, mir fiel dieser Packen auf den –

JOHN Und was, wenn sie schon in der Klinik begriffen, welches Genie du bist.

TONY Also.

JOHN Wie werden wir unglücklich. Wenn wir vergessen sollen. Vergessen sollen, was wir in Wahrheit sind. Halleluja. Wir sind unglücklich, weil wir vergessen. Wer vergisst, ist verloren.

LISA Wer vergisst, ist verloren.

JOHN Ich, Tony, ich sollte vergessen. Ich sollte vergessen, was mir zugestoßen ist. Ich sollte die Geschichten vergessen, die Geschichten von Anton und Oskar. Ich sollte Lisa vergessen. Aber Anton ist ein Teil von mir. Oskar ist ein Teil von mir. Lisa ist ein Teil von mir. Ich wollte nicht vergessen. Wer vergisst, ist verloren.

TONY Wer vergisst, ist verloren.

JOHN Er verliert den Kontakt zu seiner Vergangenheit. Und wer den Kontakt zu seiner Vergangenheit verliert, kennt die Gegenwart nicht. Und wer die Gegenwart nicht kennt, der kann die Zukunft nicht gestalten. Wer vergisst, ist verloren. Er wird zum Opfer der Zukunft. Er wird zum Spielball der Gegenwart. Er wird zum Tanzbär der Vergangenheit. Wir dürfen nicht vergessen.

TONY Wir dürfen nicht vergessen.

JOHN Nicht vergessen. Niemals. Unter keinen Umständen.

Deshalb haben wir Tony. Deshalb brauchen wir Tony. Deshalb haben wir auf Tony gewartet. Deshalb haben wir uns nach Tony gesehnt. Weil er uns zeigt: Wir dürfen nicht vergessen.

LISA Das ist schön.

JOHN Der dritte Ring. Das Was. Was tut Tony, damit wir nicht vergessen.

LISA Er erinnert uns.

JOHN Was ist das stärkste Element im Universum.

LISA Diamant.

JOHN Wirf den Diamant in den Ofen, und er verbrennt. Nimm einen Stein, selbst das Wasser löst ihn auf zu Sand. Aber es gibt etwas, das man nicht zerstören kann, so lange es Menschen gibt. Etwas, das weiterlebt, lebendig bleibt. Was wissen wir von den Griechen, was wissen wir von den Römern, von den Rittern und den Seefahrern. Nichts als ihre Geschichten. Es gibt nichts stärkeres als eine Geschichte.

LISA Und Tony erzählt Geschichten.

JOHN Nicht irgendwelche Geschichten. Wahre Geschichten. Geschichten darüber, wie der Mensch funktioniert. Wie er handelt. Was er tut. Was er fürchtet. Was er verabscheut. Was er sich erhofft. Was er liebt. Tony erzählt uns Geschichten über die Hoffnung, über das Leid, dem wir uns stellen müssen, um es überwinden zu können. Klar.

TONY Ich glaube schon.

JOHN Das ist es, was die Menschen sehen werden. Was sie erleben werden. Ein Mensch, der ihnen Geschichten erzählt. Der das Stärkste mit ihnen teilt. Damit sie stark werden. Damit sie nicht vergessen, woher sie kommen. Damit sie glücklich sind. Das sind die drei Ringe. Die drei goldenen Ringe. Warum. Wie. Was.

TONY Warum. Wie. Was.

JOHN Hier. Nimm. Für dich.

TONY Was ist das.

JOHN Das sind die drei Ringe. Drei Ringe aus Gold.

LISA Echtes Gold.

JOHN Nicht das Gold macht diese Ringe kostbar. Kostbar ist, dass sie Tony an seine Mission erinnern. Wo immer du bist, was immer du tust. Du wirst diese drei Ringe in deinem Herzen tragen von nun an. Sie werden dich begleiten. Wo immer du hingehst. Sie werden dabei sein. Sie werden dir Kraft geben. Alles, was kommt, kommt aus diesen Ringen. Wir sind unglücklich.

TONY Wir sind unglücklich.

JOHN Wir dürfen nicht vergessen.

TONY Wir dürfen nicht vergessen.

JOHN Wir brauchen Geschichten.

TONY Wir brauchen Geschichten.

JOHN Jetzt zieht euch an. Wir müssen los.

LISA Wohin.

JOHN Wohin steigt der Pfarrer, wenn er seine Predigt hält. Auf die Kanzel. Was nimmt der Redner, wenn er zur Menge spricht. Ein Megafon. Wohin geht der Händler, wenn er etwas verkaufen will. Auf den Markt. Genau das brauchst du. Eine Kanzel. Ein Megafon. Und einen Markt. Los jetzt. Wir sind spät.

Die Hoffnung einer Nation

Im Fernsehstudio. Morgens. Ein Gedränge,
darin ein Kamerateam.

VALERIE Wir sind hier im Studio 1, wo in diesem Moment das nationale Casting für die Millionenshow »Das Megatalent« stattfindet. Seit heute früh um sieben Uhr strömen die hoffnungsvollsten Talente aus dem ganzen Land hierher, um sich dem unbestechlichen Urteil der Jury mit den drei Köpfen zu stellen. Bis zur Stunde sind es eintausendachthundert Stimmenimitatoren, Bauchredner, Schlangenmenschen, Akrobaten aller Art, daneben Lookalikes aller berühmter Rockstars von einst und jetzt, eine ganze Menagerie, dressierte Hängebauchschweine, und eben habe ich eine kasachische Bergziege gesehen, wie man mir erklärte, und zwar im Tütü. Alle haben sie nur ein Ziel: In das Hauptfeld aufgenommen zu werden, unter jene acht Megatalente, die sich in wenigen Wochen einem der weltweit härtesten Selektionsprozesse unterziehen müssen, den schließlich nur eine Person besteht. Das Megatalent. Gewinnsumme: Eine Million in bar. Die Stimmung hier ist atemberaubend, man riecht förmlich die Träume, die hier auf Erfüllung hoffen. Angespannt, hoch konzentriert und dabei in größter Fairness warten die Kandidaten, bis sie vor die Jury gerufen werden. Wir wollen doch einmal hören, welche Erwartungen die Kandidaten haben. Guten Tag, darf ich Sie etwas fragen.

EIN MENSCHLICHES HUHN Bitte, gerne.

VALERIE Warum sind Sie hier.

EIN MENSCHLICHES HUHN Die Kunst bedeutet mir alles.

VALERIE Wollen Sie berühmt werden.

EIN MENSCHLICHES HUHN Ein berühmtes Huhn, ja, warum nicht.

VALERIE Und Sie, nehme ich an, sind Sänger.

ELVIS PRESLEY Yeah, Baby, direkt von Graceland, Tennessee, und ich möchte dem Publikum nur eines sagen: Love me tender, love me sweet, never let me go.

VALERIE Und hier kommt eine Gruppe gerade aus dem Casting. Und. Leute, wie lief es.

EIN SCHWERTKÄMPFER Also, eigentlich ganz gut.

VALERIE Was ist Eure Disziplin.

EIN ANDERER SCHWERTKÄMPFER Der deutsche Zweihänder.

EIN SCHWERTKÄMPFER Nur die Unterlage war nicht auf unserer Seite.

EIN ANDERER SCHWERTKÄMPFER Wir sind immer wieder hingefallen.

EIN SCHWERTKÄMPFER Also ich nicht.

EIN ANDERER SCHWERTKÄMPFER Was kann ich dafür, wenn der Boden rutschig ist.

EIN SCHWERTKÄMPFER Das war einfach nur Scheiße, Mann.

VALERIE Vielleicht von den kasachischen Bergziegen, die vor euch drin waren.

EIN SCHWERTKÄMPFER Was für Ziegen.

VALERIE Jedenfalls auch weiterhin viel Glück. Warum sind Sie hier.

EIN MANN Wegen des Castings.

VALERIE Natürlich. Aber was versprechen Sie sich davon.

EIN MANN Ich muss es in die Hauptrunde schaffen.

VALERIE Und was haben Sie zu bieten.

EIN MANN Ich bin gut, sogar verdammt gut.

VALERIE Aber worin.

EIN MANN Wie war die Frage.

VALERIE Worin besteht Ihr Talent.

EIN MANN Worin mein Talent besteht. Du fragst mich, worin mein Talent besteht. Was geht dich das an, worin mein Talent besteht. Soll ich dir zeigen, worin mein Talent besteht. Ich werde dir zeigen, worin mein verdammtes Talent besteht.

VALERIE Für manche ist das hier offensichtlich kein Spiel. Auch für Sie nicht, stimmts.

PRISKA Ja, also hallo miteinander, ich bin die Priska, und ich bin Busfahrerin, seit achtzehn Jahren, aber ich möchte meinen Traum leben, und mein wirklicher Traum ist singen, ich möchte auf einer großen Bühne stehen und den Menschen meine Lieder schenken. Auch für meine liebe Mama, die letzten Sommer verstorben ist.

EIN KAMERAMANN Kassette ist voll. Ich muss wechseln.

VALERIE Priska, können wir das noch einmal haben.

PRISKA Ja, also, hallo –

EIN KAMERAMANN – Moment –

PRISKA Ja, also, hallo, ich bin die Priska und ich bin Busfahrerin,

EIN KAMERAMANN – nicht so schnell –

PRISKA Ja, also, hallo miteinander, ich bin die Priska und ich bin Busfahrerin, aber ich möchte meinen Traum leben, und mein Traum heißt singen, ich möchte auf einer großen Bühne stehen und –

EIN KAMERAMANN – hör zu, Priska, du warst wieder zu früh. Ich geb dir das Zeichen, okay. Gut, bitte.

PRISKA Ja, also hallo miteinander, ich bin die Priska, und ich bin Busfahrerin, seit achtzehn Jahren, aber ich möchte meinen Traum leben, und mein wirklicher Traum ist singen, ich möchte auf einer großen Bühne stehen und den Menschen meine Lieder schenken. Auch für meine liebe Mama, die letzten Herbst verstorben ist.

VALERIE War es nicht im Sommer.

PRISKA Ja, also, hallo miteinander, ich bin die Priska, und ich bin Busfahrerin, seit achtzehn Jahren, aber ich möchte endlich meinen Traum leben, und das ist das Singen. Ich möchte auf einer großen Bühne stehen und den Menschen meine Lieder schenken. Auch für meine liebe Mama, die letzten, äh, Sommer verstorben ist.

VALERIE Wie alt bist du, Priska.

PRISKA Es spielt keine Rolle, wie alt du bist, wie dick du bist, wie du aussiehst und wie reich du bist – wenn deine Lieder den Weg in die Herzen der Menschen finden, steht dir die Welt offen.

VALERIE Sehr schön, dann wünschen wir dir viel Glück, Priska. So, vielleicht noch einen Kandidaten. Was führt Sie hierher.

TONY *seine rechte Hand ist eingebunden.* Ich bin hier, weil ich unglücklich bin. Aber vielleicht bin ich auch unglücklich, weil ich hier bin.

VALERIE Und was werden Sie der Jury präsentieren, Sie Unglücklicher.

JOHN Er ist Gedächtniskünstler –

VALERIE Ungewöhnlich, aber interessant. Ich bin gespannt, was die Jury zu diesem Gedächtniskünstler zu sagen haben wird.

TONY Was soll ich hier. Was soll ich unter Bauchrednern und einbeinigen Steptänzern. Ich will nicht in den Zirkus.

JOHN Das hier ist nur deine Trägerrakete in den Orbit.

TONY Geht das nicht auch anders.

JOHN Was willst du. Du willst Aufmerksamkeit, aber das will heute jeder. Man wird sie dir nicht schenken. Du wirst darum kämpfen müssen. Und das hier ist die größte Show des Landes.

TONY Trotzdem. Meine Sache ist zu ernst, und hier sehe ich nur Clowns.

JOHN Diese Pappkameraden sind austauschbar. Sie ziehen ihre Nummer ab, verbeugen sich und Schluss. Aber du hast eine Botschaft. Du hast einen Traum, und damit wirst du ihre Herzen erobern.

LISA *kommt*. Tony, was ist mit deiner Hand.

JOHN Ich habs ihm gesagt. Fass den Seehund nicht an, hab ich gesagt.

LISA Ein Seehund.

JOHN Nicht irgendein Seehund. Ein sprechender Seehund. Harte Konkurrenz, die es erst einmal zu schlagen gilt. Aber dein Freund hier ziert sich.

TONY Ich will mich nicht zum Affen machen.

JOHN Das ist es eben, Tony. Du willst sauber bleiben. Aber diese Welt ist nicht sauber. Sie ist laut, bunt und schmutzig. Du wirst Dreck fressen müssen. Viel Dreck. Das wird kein Spaziergang. Aber wenn du nicht willst, bitte. Du kannst hier jeden Augenblick herausspazieren.

TONY Vielleicht wäre das besser.

LISA Und was willst du dann tun.

TONY Ich weiß nicht. Es gibt bestimmt eine andere Möglichkeit.

LISA John.

TONY Natürlich. Es gibt immer Alternativen. Du kannst zurück zu deinem Bürgerradio. Das ist bestimmt gemütlicher, einfacher. Bloß wird dich da keiner hören.

LISA Was hast du schon zu verlieren. Wenn sie dich ablehnen, suchen wir einen anderen Weg. Mach dir keinen Kopf. Nimm es als Spiel. Ich glaube an dich. *Sie küsst Tony*.

JOHN Du bist dran. Es geht los. Wo sind die Bücher.

TONY Welche Bücher.

JOHN Die Bücher.

TONY *er tippt sich an die Stirn.* Da drin sind sie.

JOHN Und wie willst du das der Jury beweisen.

LISA Die Bücher sind im Wagen.

JOHN Und wo ist der Wagen.

LISA In der Tiefgarage. Ich bin unterwegs.

JOHN Da ist noch etwas, was ich mit dir besprechen wollte. Wenn du da jetzt reingehst und sie dich fragen, woher du das alles weißt, was sagst du dann.

TONY Die Wahrheit.

JOHN Vielleicht sollten wir den Menschen eine Geschichte erzählen, die sie glauben können. Die Geschichte eines gewöhnlichen Menschen, der eines Tages auf einen Bericht gestoßen ist. Auf einen Bericht in fünfundzwanzig Bänden, zwanzigtausend Seiten. Ein schwieriger, komplizierter, trauriger Bericht. Bücher, die er nicht verstand. Und die ihn trotzdem packten. Ihm keine Ruhe ließen. Und weil er ahnte, dass etwas ungeheuer Wichtiges in diesen Büchern stand, und weil er es nie wieder verlieren wollte, lernte er sie auswendig. Wort für Wort. Satz für Satz. Fußnote für Fußnote. Und da er nun diese Bücher in seiner Seele trägt, und weil er die Menschen an seinem Wissen teilhaben lassen will, an der Größe seiner Erkenntnis, geht er hinaus, in die Welt, um seine Geschichte zu erzählen.

TONY Ich werde nicht lügen.

JOHN Eine gute Geschichte ist niemals eine Lüge. Und wie hört sich das denn an. Eines Tages fiel mir ein Packen Bücher auf den Kopf – und hier bin ich nun.

TONY Genau so wars.

JOHN Du wirst in der ersten Runde rausfliegen.

LISA Hier. Die Bücher.

JOHN Gut. Jetzt. Und vergiss nicht: Dir ist nichts auf den Kopf gefallen. Du bist vollkommen gesund. Kerngesund. Hau diesen verdammten Seehund raus, hörst du mich, hau ihn raus, er hat es verdient.

Pachyderme

In Johns Atelier. Kurz vor dem großen Finale.

TONY Weggeputzt. Alle habe ich sie weggeputzt. Und diesem Seehund habe ich es auch gezeigt. Du hättest die Gesichter dieser Jury sehen sollen. Sie haben Seite um Seite abgefragt, weil sie es nicht glauben konnten. Und diese singende Buschauffeurin werde ich auch noch kriegen.

JOHN Bleib auf dem Boden. Das Rennen hat gerade erst begonnen. Wenn du gewinnen willst, musst du weiter an dir arbeiten. *Er reicht Tony eine Mütze, darauf ein großer gelber Plüschelefant.* Da. Aufsetzen.

TONY Was ist das.

JOHN Das ist Fanti. Wie seine Artgenossen ist er bekannt für herausragende Gedächtnisleistungen.

TONY Was soll ich damit.

JOHN Ihr seid gemeinsam Botschafter.

TONY Botschafter wofür.

JOHN Brainforce. Steigert ihre Hirnkapazität. Schnell. Effektiv. Legal. Mit der Kraft des gelben Elefanten.

TONY Das ist nicht dein Ernst.

JOHN Wir brauchen Geld. Pressemappen, ein Video über dich, und die Journalisten erwarten ein Giveaway. Kannst du das bezahlen.

TONY Ich werde nicht mit diesem Elefanten auf dem Kopf – das ist albern.

JOHN Albern. Du findest einen Sponsor albern. Und Priska. Findest du sie auch albern. Sogar die Zähne hat sie richten lassen. Obwohl das ein Fehler war. Die Leute lieben Kontraste. Ein Überbiss und dazu diese Stimme. Aber immerhin arbeitet sie an sich.

TONY *zu Lisa.* Sag doch du etwas.

JOHN Ich versuche gerade zum wiederholten Mal, dir zu helfen. Damit du deine Botschaft verbreiten kannst. Aber ich glaube, du willst das gar nicht.

LISA Er braucht ein bisschen Zeit.

JOHN Statt zu arbeiten, ziert er sich. Und weißt du warum. Er hat Angst. Angst vor seiner Wirkung. Und er verachtet die Menschen.

TONY Das ist nicht wahr.

JOHN Sie haben zu Hunderttausenden in der Sendung angerufen und unseren Jungen in das Finale gewählt. Alte, Junge, Männer, Frauen, einfache Menschen, die ihn hören wollen. Aber er will es ihnen nicht geben. Er will das Kostbarste nicht mit ihnen teilen. Und weißt du warum. Weil er sich für etwas Besseres hält. Weil er findet, dass diese einfachen Leute da draußen unseren Tony und seine Geschichten in Wahrheit nicht verdient haben.

TONY Natürlich haben sie mich verdient.

JOHN Und warum willst du sie nicht berühren. Warum willst du ihnen nicht schenken, was du mir geschenkt hast.

TONY Das will ich, aber ich will dabei keinen gelben Plüschelefanten auf meinem Kopf haben.

JOHN Ist das dein letztes Wort.

TONY Ist das so schwierig zu verstehen.

JOHN Gut, dann bedanke ich mich allerseits für die stets ersprießliche Zusammenarbeit. Vielen Dank, auf Wiedersehen, ich empfehle mich. *Ab*.

TONY Was hat das zu bedeuten.

LISA John hat gerade sein Mandat niedergelegt.

TONY Gut. Ich konnte ohnehin nichts anfangen mit seinem Geschwätz.

LISA Und wie ich dich kenne, hast du bestimmt schon einen Plan.

TONY Mir wird bestimmt etwas einfallen. *Stille*. Lisa, ich bitte dich. Ein gelber Elefant mit roten Ohren.

LISA Der Elefant ist nicht dein Problem. Du bist dein Problem. Du gibst einfach nicht alles von dir. Aber du musst. Sonst wird das nicht funktionieren.

TONY Diese Show ist nicht so wichtig.

LISA Ich meine nicht diese Show. Mit uns wird es nicht

funktionieren. Du suchst nach einer Tür, durch die du notfalls abhauen kannst.

Tony Ich will nicht abhauen.

Lisa Das ist das Leben, Tony, kein Rummelplatz, wo man sich die Vergnügen nach Lust und Laune aussuchen kann. Ich will einen Mann, der durch dick und dünn geht und sich den Schwierigkeiten stellt. Ich glaubte, du hättest das endlich begriffen.

Tony Lisa. Bleib hier.

Lisa Du brauchst mich nicht. Du brauchst niemanden.

Tony Lisa. Bitte. Was willst du. Soll ich mir den Elefanten aufsetzen. Da. *Er setzt sich die Elefantenmütze auf.* Darf ich vorstellen. Fanti und Tony, Tony und Fanti. Ist es das, was ihr wollt.

John Gut. Und jetzt wird geprobt. Das muss alles flüssiger werden, du musst lernen, Kunstpausen einzusetzen, mit deiner Mimik zu arbeiten.

Tony Was ist mit meiner Mimik nicht in Ordnung.

John Er fängt schon wieder an.

Lisa Tony.

Tony Ist ja gut. Ich habs begriffen.

John Wir nehmen Band 8, Seite 370, drittunterste Zeile bitte.

Tony »Sie riskiert aber damit eine Diskussion zu denaturieren, der, gerade auch im Interesse der Normalisierung größtes Maßhalten zu empfehlen wäre« –

John Mach das doch ein bisschen weicher, bitte, deine Ös und Äs klingen hart –

Tony Weicher.

John Es soll nicht ordinär klingen. Also: »Größtes Maßhalten zu empfehlen wäre.«

Tony »Sie riskiert aber damit eine Diskussion zu denaturieren, der gerade auch im Interesse der Normalisierung größtes Maßhalten zu empfehlen wäre, weil eine ideologische Note bei anderen Bevölkerungskreisen eine noch nicht ganz verschwundene Abneigung versteifen könnte.«

JOHN Warum machst du diese Kinnbewegung.

TONY Was für eine Kinnbewegung.

JOHN Wenn im Text ein Komma steht, macht dein Kinn eine Aufwärtsbewegung. Lass das bleiben. Und lass die Arme unten. Das sieht schrecklich aus, wenn einer im Fernsehen mit den Armen rudert. Die Hände immer schön an den Hosen lassen. Gut. Jetzt weiter. Band 8, Seite 371, Zeile 17.

Die toten Blätter

Im Fernsehstudio. Das große Finale. Tony mit Brille, Rollkragenpulli und dem Brainforceelefanten auf dem Kopf.

TONY Band 8, Seite 371, Zeile 17.

GUIDO So lautet ihre erste Aufgabe, Tony.

TONY »Der militärische Erfolg eines Staates lässt keine direkten Rückschlüsse auf die innere Vortrefflichkeit seines Systems zu, es sei denn solche, die zur Vorsicht mahnen, wenn der Sieg auf dem Schlachtfeld die völlige Unterwerfung des ganzen Volkes und Staates unter den Gedanken des Krieges schon im Frieden zur Voraussetzung hat und sich also nur um den Preis jener Lebensformen und Ideale erkaufen lässt, die wir hochschätzen.«

GUIDO Das ist korrekt. Tony. Wenn ich mir eine Bemerkung erlauben darf: Sie sehen toll aus. Kommen wir zur zweiten Frage. Band 17, Seite 132, Zeile 10.

TONY Band 17, Seite 132, Zeile 10.

GUIDO Sie scheinen zu zögern.

TONY Nein, nein, es ist nur, das ist eine besondere Geschichte.

GUIDO Wie lautet die entsprechende Stelle.

TONY »Im September 1942 erhielt der aus Österreich stammende Jude Hermann H., seit 1938 als Flüchtling in der Schweiz, Post von seinem Bruder Oskar. Wie viele ausländische Juden, die in den 1930er Jahren in Frankreich Zuflucht gefunden hatten, war Oskar H. im Spätsommer 1942 vor den Razzien aus Vichy-Frankreich geflohen. Und er war einer von vielen, die vergeblich versucht hatten, nach der Grenzschließung vom 13. August 1942 Asyl in der Schweiz zu finden. Seine Hoffnung auf Rettung hatte sich zerschlagen.«

GUIDO Danke, Tony, das reicht.

TONY Ich will das jetzt zu Ende erzählen. »›Lieber Hermann‹, schrieb er seinem Bruder, ›leider hat es mich erwischt. Ich habe den Schweizern zu sehr getraut und muss dafür büßen. Zwischen 31.8. und 1.9. passierte ich die Grenze und wurde bei Genf von einem Gendarm festgenommen. Man versicherte mir, dass ich in Sicherheit sei und in der Schweiz bleiben kann. Dies wurde mir von allen behördlichen Seiten bestätigt, sodass ich mich in Genf im Fußballplatzstadion, wo man mich hinbrachte, vollkommen sicher fühlte. Am nächsten Tag kam ein Auto (man sagte mir und mehreren Schicksalsgenossen, es gehe zur ärztlichen Visite) und brachte uns direkt zur französischen Grenze, wo man uns der dortigen Gendarmerie übergab. Dies spielt sich jeden Tag so ab. So schaut es bei Euch in der Schweiz aus.‹«

GUIDO Danke, Tony, lassen Sie uns zur nächsten Frage –

TONY »Oskar H. wurde von der französischen Polizei umgehend nach Rivesaltes transportiert. Als desolat schilderte er seine Situation: ›Jetzt bin ich mit mehreren hundert Männern, Frauen und Kindern im Lager und warte den Abtransport ab, da eine Befreiung für mich nicht in Frage kommt. Flüchten ist hier ausgeschlossen, werde alles versuchen, habe aber wenig Hoffnung. Kein Mensch weiß, wohin es geht, Polen, besetzte Zone oder Deutschland. Von hier sind schon ca. 2000 Personen abtransportiert worden. Fürchterliche Szenen spielen sich ab.‹«

GUIDO Tony –

TONY »Am 16. September 1942 – eine Woche, nachdem er den Brief geschrieben hatte – wurde Oskar H. über Drancy nach Auschwitz deportiert. Dort wurden rund 300 Männer und Frauen des Transportes für die Zwangsarbeit ›selektioniert‹, die Übrigen sofort in den Gaskammern ermordet. 33 Personen überlebten das Lager.«

GUIDO Das war sehr ausführlich, aber im Übrigen vollkommen korrekt. Wir möchten jetzt zur dritten Frage –

TONY Zur dritten Frage –

GUIDO Es fehlt Ihnen nur noch –

TONY Was halten Sie von dieser Geschichte.

GUIDO Von welcher Geschichte.

TONY Was Oskar zugestoßen ist. Ist das nicht verbrecherisch, wie diese Zöllner –

GUIDO Das ist möglich, aber –

TONY Obwohl sie wussten, was ihm blühen wird.

GUIDO Ja –

TONY Fühlen Sie da nicht auch wie ihr Blut aus dem Kopf sackt, möchten Sie da nicht auch mit der Faust auf etwas einschlagen, wenn Sie von dieser Ungerechtigkeit hören.

GUIDO Also –

TONY Weshalb sagen Sie, es sei korrekt.

GUIDO So habe ich es nicht gemeint –

TONY Sie haben deutlich gesagt: Das ist korrekt. Aber das ist nicht korrekt. Überhaupt nicht korrekt ist das.

GUIDO Tony, ich glaube nicht, dass dies der Zeitpunkt –

TONY Ich erzähle Ihnen hier die scheußlichste Geschichte, die einem Menschen widerfahren kann, und Sie antworten ungerührt: Das ist korrekt. Sind Sie überhaupt ein Mensch, schlägt da ein Herz in Ihrer Brust.

GUIDO Ich möchte Sie daran erinnern, dass dies eine Livesendung und das Finale ist. Es geht um eine Million.

TONY Es geht um ein Menschenleben. Wir wissen nicht, ob Oskar unter diesen 33 war, die überlebt haben.

GUIDO Das ist tragisch, aber nicht Thema dieser Sendung.

TONY Was ist nicht Thema dieser Sendung.

GUIDO Dieser Oskar ist nicht Thema dieser –

TONY Dann mache ich ihn jetzt zum Thema, du lackierter Beistelltisch.

Guido Ich darf die Regie bitten einen Einspieler –

Tony Ja, blendet mich nur aus, ihr gottverfluchten Heuchler, ich werde für euch hier nicht länger den Clown machen, ihr wartet doch nur darauf, dass ich einen Fehler mache, damit ihr euch amüsieren könnt, ihr Scheißkerle, für eine läppische Million, und für Oskar oder Anton interessiert ihr euch einen Dreck.

Guido Schafft diese Person von der Bühne.

Tony Ihr dürft nicht vergessen, wer vergisst, ist verloren. Ihr kotzt mich an, Ihr kotzt mich an. *Er wird weggebracht.*

Guido Meine Damen und Herren, lassen Sie uns diesen etwas unfreundlichen Moment vergessen und gleich zu unserer nächsten Kandidatin übergehen. Guten Abend, Priska.

Priska Ja, also, hallo miteinander, ich bin die Priska, und ich bin Busfahrerin, seit achtzehn Jahren, aber ich möchte endlich meinen Traum leben, und das ist das Singen. Ich möchte auf einer großen Bühne stehen und den Menschen meine Lieder schenken. Auch für meine liebe Mama, die letzten, äh, Herbst verstorben ist.

Guido Sehr schön, liebe Priska, und was werden Sie uns heute präsentieren.

Priska Es spielt keine Rolle, was du präsentierst, wie dick du bist, wie du aussiehst und wie reich du bist – wenn deine Lieder den Weg in die Herzen der Menschen finden, steht dir die Welt offen.

Guido Danke, Priska, Sie werden für uns das bekannte Chanson »Les feuilles mortes« singen. *Und so erklingt die süße Melodie, und wir hören die hingehauchten Worte, gedichtet von Jacques Prévert:*

Priska C'est une chanson qui nous ressemble
Toi, tu m'aimais et je t'aimais
Et nous vivions tous deux ensemble
Toi qui m'aimais, moi qui t'aimais
Mais la vie sépare ceux qui s'aiment
Tout doucement, sans faire de bruit

Et la mer efface sur le sable
Les pas des amants désunis.

Warum nicht überleben, warum nicht genießen

Im Fernsehstudio. Das Publikum hat den Saal verlassen.
Tony sitzt in den Kulissen.

JOHN Die Ringe. Gib mir die Ringe.
TONY *er gibt ihm die Ringe und die Elefantenmütze.*
JOHN Ein Werbegeschenk. Kannst du behalten.
JOHN *er geht ab.*
TONY Lisa.
LISA Einen Augenblick glaubte ich, du könntest es packen. Einmal nur in deinem Leben über deinen Schatten springen. Ich Kuh.
TONY Ich war nur ihre Zirkusattraktion. Die Dame ohne Unterleib. Der Freak mit den fünfundzwanzig Büchern im Kopf, über den sie sich lustig machen können. Es ging nie um meine Geschichte.
LISA Erzähl mir nicht, du hättest um Oskar gekämpft. Es ging dir nur um dich. Du suhlst dich in deiner Selbstgerechtigkeit. Du wolltest es alleine durchziehen. Bitte. Ich hindere dich nicht mehr daran.
TONY Heißt das, du hältst nicht an dein Versprechen.
LISA Was für ein Versprechen.
TONY Du wolltest mit mir in die Wälder gehen.
LISA Tony, ich bitte dich, mach dich nicht noch mehr zum Narren.
TONY Es ging dir also immer nur ums Geld. Aber weißt du was. Ich kann mich noch im Spiegel ansehen, weil ich das Richtige getan habe. Die Opfer werden es mir danken, Oskar und Anton und alle die andern, die verfolgt und im Stich gelassen wurden.
LISA *Sie lässt ihn stehen.*
Ein alter Mann tritt auf, in der Hand zwei Gläser.

Oskar Eine fantastische Feier. Und diese Brötchen. Lachs, Sellerie, Ei, was du willst. Komm schon, Tony, Kopf hoch. Die Million ist vielleicht weg, aber die Siegesfeier solltest du dir nicht entgehen lassen. Schon nur diese Brötchen –

Tony Was wollen Sie.

Oskar Erkennst du mich nicht. Immerhin hast du eben meinen Brief der Nation vorgelesen.

Tony Ihren Brief.

Oskar Ich bin einer von den dreiunddreißig, die überlebt haben.

Tony Oskar.

Oskar Wie er leibt und lebt.

Tony Ich hielt sie für tot.

Oskar Noch nicht, mein Junge, zwar alt und grau, aber gut in Schuss, voller Saft und immer bereit für eine kleine Schandtat an der Gesellschaft, wenns keinem schadet und das Wohlergehen steigert. *Pause.* Das ist selbstgemachte Mayonnaise, ich wette drauf, willst du probieren. Ein Jammer, dass du die Million nicht gepackt hast, zack, kalt und weg und dann rein in den Flieger und ab in die Sonne, das wäre ein Spaß gewesen. So nahe dran, um Millimeter, und jetzt hat diese Stimmungskanone das Vermögen.

Tony Ich habe das für Sie getan.

Oskar Das wäre nicht nötig gewesen.

Tony Und die Erinnerung.

Oskar Ich habe alles getan, um diese Zeit zu vergessen. Ich will mich nicht erinnern. Und deshalb bin ich in diesem Land. Hier erinnert sich keiner.

Tony Aber es war doch Unrecht.

Oskar Soll ich deswegen Trübsal blasen bis ans Ende meiner Tage. Ich finde, ich habe nach der ganzen Geschichte jeden Spaß verdient, der das Leben zu bieten hat.

Tony Aber wozu dann das Ganze, die Erinnerung, die Geschichte, der Kampf um das Gedächtnis.

Oskar Frag mich das nicht, Tony, frag mich das nicht. Ich habe nie darum gebeten.

TONY Und wenn es wieder passiert.

OSKAR Das sind die Sorgen von morgen. Was heute ist, ist heute, und heute ist Feier. Da drüben stehen ganze Rudel attraktiver Damen, die sich tödlich langweilen. Die dicke Priska wird wohl noch ein Ständchen bringen oder zwei, aber solange der Champagner kühl ist, soll uns das nicht kümmern. Mach was du willst, aber ich muss jetzt an diese Feier, es zieht mich auf eine Weise, als wäre es das letzte Fest des Lebens. Und was sagst du. Bist du dabei oder nicht.

FÜNFTENS

Zufall und Notwendigkeit

In der Klinik, in einem Besprechungszimmer.

GOSBOR Tony. Ich kann Ihnen nicht sagen, wie erleichtert ich bin, Sie bei uns zu wissen.

TONY Ich möchte, dass Sie mir das Zeugs aus dem Hirn holen, und zwar plötzlich.

GOSBOR Ich will ehrlich mit Ihnen sein, Tony, denn Aufrichtigkeit ist die Grundlage des Vertrauens, und das Vertrauen ist die wichtigste Eigenschaft im Verhältnis zwischen einem Arzt und dem Patienten. Wir verstehen nicht, was mit Ihnen passiert ist.

TONY Die Bücher müssen aus meinem Kopf raus, egal wie.

GOSBOR Ich will Ihnen reinen Wein einschenken. Obwohl wir Menschen von der Wissenschaft feine Antennen für das Unerhörte entwickelt haben sollten, während des Studiums, während der langen Jahre der wissenschaftlichen Gesellenzeit, so besitzen doch die wenigsten von uns Sensorien für das Unwahrscheinliche, für den zehnmillionsten Fall des zehnmillionsten Falls. Wir – und ich nehme mich nicht aus – suchen nach der Bestätigung des Vermuteten, gehen vom Bekannten aus und extrapolieren daraus das Zukünftige, und dies wird immer nur geboren werden aus dem, was wir uns vorstellen können –

TONY Bitte, ich –

GOSBOR Tony, ich weiß, Sie sind müde, Sie sind nicht gekommen, um sich Kollegien zur Wissenschaftstheorie anzuhören, aber ich muss Sie um einen Augenblick der Aufmerksamkeit bitten, weil ich fürchte, Sie könnten sonst die Gründe für den Vorschlag, den ich Ihnen machen möchte, nicht verstehen.

TONY Was für ein Vorschlag.

GOSBOR Sie sind nicht normal, lieber Tony.

TONY Also, das ist doch –

GOSBOR Sie sind eine ganz außergewöhnliche Person, außergewöhnlicher als alles, was ich je gesehen habe. Nicht vergleichbar mit jenen, von denen auch Sie einige kennen mögen, die Überflieger, die jede Hürde, die man ihnen aus Selektionsgründen in den Weg stellt, mit Leichtigkeit überfliegen, dabei ein Lächeln im Gesicht, weniger, um jene, die solche Barrieren berufeshalber errichten, durch die Zeichen der Anstrengungslosigkeit zu demütigen, mehr, weil diese besonderen Menschen sich im Spiel fühlen, die Prüfung selbst als Spaßigkeit empfinden, eine nette Abwechslung in einem sie bis zur vollkommenen Verblödung langweilenden Alltag – solche werden sie bestimmt kennen, nicht wahr, Tony –

TONY Das kann schon –

GOSBOR Ja, aber von diesen spreche ich nicht, denn auch diese herausragenden Individuen sind nicht mit Ihnen vergleichbar. Und ich rede auch nicht von jenen wenigen aus dieser bereits kleinen Gruppe, die eine Unternehmung in Angriff nehmen ohne jeden Ehrgeiz, weil Ehrgeiz immer Anstrengung bedeutet, die Belastung der eigenen Fähigkeit bis zur Erschöpfung, die Begegnung mit dem eigenen Unvermögen, eine Folge sich abwechselnder Zustände, die aber jene wenigen niemals empfinden können, weil sie über Reserven verfügen, geistige, in den meisten Fällen, die von den Anforderungen ihrer Umwelt nur im unerheblichsten Teil angegriffen bleiben –

TONY Ich bin erschöpft –

GOSBOR – hören Sie, Tony, ich spreche nicht von jenen, die wir im Gespräch bisweilen als außergewöhnlich oder jenseits aller Norm bezeichnen, nicht von jenen, und ich sage dies nicht leichtfertig, leicht bis mittelschwer eingebildeten, eitlen, abgehobenen, hochnäsigen, koketten Figuren – ja, ja, wir kennen sie – die aufgrund ihrer Außerbegabung häufig ein Leben in Einsamkeit verbringen, nicht unverdientermaßen, weil von diesen wenigen nur die wenigsten ihre Fähigkeiten in den Dienst der Vielen stellen. Nicht von denen will ich reden, und auch nicht von den Wenigen unter den Wenigsten, die hinausgehen in die Welt und ihre Sonderbegabung dem Wohle ihrer Mitmenschen schenken, selbstlos, aufopfernd, gnadenvoll, nicht von jenen, die eine Generation oder sogar ein Jahrhundert prägen, bis schließlich auch über sie der Vorhang des Vergessens fällt – von wem also, Tony, glauben Sie, rede ich.

TONY Nun, also –

GOSBOR Erschrecken Sie nicht, aber ich meine jene an einer Hand abzuzählenden Charaktere, die wir nicht mehr als Menschen wahrnehmen, sondern als Legenden, jene, die ein Zeitalter benennen, ich meine, Tony, und bitte erschrecken Sie nicht, ich meine Phänomene, die Namen tragen wie Einstein, Kopernikus und auch, ja, Jesus Christus, jene, die eine Achse beschreiben, einen Wendepunkt, eine Scheide, eine Nullkoordinate, eine Singularität, jenseits derer nichts zu denken ist, nein, Tony, ich glaube nicht, dass man mich der akademischen Verstiegenheit bezichtigen kann, wenn ich vorhersage, dass man in nicht allzu ferner Zukunft Sie, Tony, in dieselbe Reihe stellen und mit einem sanften Lächeln und einem zärtlichen Kopfschütteln sich an unsere Zeit erinnern wird, wie wir an jene denken, da die Menschen glaubten, die Erde sei eine Scheibe um die unsere Sonne ihre Bahn ziehe, so wird man bald, bald, es nur noch schwerlich für möglich halten, wie fünftausend Jahre der Zivilisation vergehen konnten im Glauben, Wissen sei einzig durch stetige, mühselige Wiederholung zu erwerben, wo man doch dann ein Verfahren kennen wird, um eine beliebige Menge Daten in ein beliebiges Hirn zu transferieren, eben so, wie es zum ersten Mal bei Tony der Fall war, bei einem Menschen zumal, der, verzeihen Sie, ich will ehrlich sein, es ist nicht abwertend gemeint, bis dahin nicht gerade durch überprozentuale intellektuelle Fruchtbarkeit aufgefallen war.

TONY Das war doch nur ein Zufall –

GOSBOR – ja, in den Wortspielen liegt eine tiefe Wahrheit, und es ist einsichtig, wie sehr Sie der Zufall in ihrem Fall verunsichern muss, und Sie werden verstehen wollen, wie gerade ich, als Frau der Wissenschaft von seinem allerhöchsten Rang im Fortschritt der menschlichen Erkenntnis überzeugt sein kann, wo es doch in den Laboratorien darum zu gehen scheint, alles Zufällige aus den Studienreihen zu verbannen. Und doch sollte das Gegenteil unser Bestreben sein, wir sollten alles tun, um es dem Zufall recht wohl in unserer Mitte sein zu lassen. Denken Sie nur an Archimedes in seiner Badewanne, an seinen sprichwörtlichen Ausruf bei der Entdeckung der Hydrostatik, denken Sie an Newtons Apfel oder auch an das unaufgeräumte Labor von Sir Alexander Fleming, ohne das er niemals das heilbringende Penicillin entdeckt hätte – alles Zufälle, oder, wenn Sie besser damit leben können, Abweichungen von der Norm, zu deren Einhaltung wir jede verfügbare Ressource einsetzen, gerade hierzulande, dass man manchmal glauben könnte, sie sei der Daseinszweck der staatlichen Institutionen, zu der auch diese Universitätsklinik gehört, mit ihrem Zwang zur Einhaltung der Prozeduren, der Verfahrensregeln, mit ihren Evaluationen und den Evaluationen der evaluierten Evaluationen, und ich werde mich hüten, Sie hier mit Interna zu langweilen, bester Tony, aber ich kann Ihnen versichern, dass ein Gutteil meiner Schaffenskraft und der Schaffenskraft meiner Assistenten und Unterassistenten einzig dem Dienstweg geopfert wird, und wehe, einer nehme die Abkürzung, wenn ich denn jemandem die Schuld geben soll, weshalb wir Ihre Bedeutung nicht früher erkannt haben, so doch nur dieser Ordnung wegen, die uns blind macht für die Schönheit der Abweichung. Deshalb erwähne ich dies, und ferner, weil ich Ihnen klar machen möchte, wie sehr jener Weg, den zu gehen ich Ihnen vorschlagen möchte, nicht nur für Sie ein Wagnis darstellt – ich habe Ihnen Aufrichtigkeit versprochen – sondern auch und besonders für mich, für diese Institution und ihren Ruf in der akademischen Welt, denn gerade dort finden sich heute die Kohorten der dienstfertigen Heuchler, die nicht ein einziges Mal in ihrer wissenschaftlichen Karriere eine auch nur im Ansatz eigene, geschweige denn eine neue Idee in die Welt gesetzt haben, jedoch ständig darauf bedacht sind, ihren großen Feinden, den Erneuerern, den Schöpfern, den Rebellen und den Unbequemen, alle möglichen Inkohärenzen vorzuwerfen, weswegen in der Wissenschaft heute das Mittelmaß, tyrannisch, tyrannisch, regiert.

TONY Das tut mir leid.

GOSBOR Ich habe vom Zufall gesprochen, von der Notwendigkeit des Unberechenbaren, doch ebenso notwendig ist die Bereitschaft, jene Unberechenbarkeit wahrnehmen zu können. Und ich darf Ihnen versichern, lieber Tony, dieses Institut ist bereit. Wir haben sämtliche Parameter erfasst, die Fallhöhe, wir kennen das exakte Gewicht, die Temperatur und die Luftfeuchtigkeit jenes Tages, und was uns noch fehlt, werden wir mit Ihrer Hilfe ins Bekannte überführen und damit im Labor jene Situation auf das Genaueste reproduzieren, denn dies ist das maßgebende Kriterium, die Reproduzierbarkeit.

TONY Sie wollen den Unfall in ein Experiment –

GOSBOR Ist das nicht großartig.

TONY Und wer soll als Versuchskaninchen –

GOSBOR – kein Kaninchen –

TONY – werden Sie –

GOSBOR – ohne zu zögern und mit der allergrößten Freude, es wäre mir eine Ehre, aber ich fürchte, so weit sind wir nicht, es wäre in die blaue Luft geschossen, solange wir nicht wissen, welche organische Prädisposition bei diesem Transfer vorliegt. Wir sollten mit dem einfachsten Fall beginnen, und zudem kann es nicht darum gehen, bloß eine Hypothese zu bestätigen, wir wollen einen Leidenden erlösen –

TONY – Sie glauben, wenn Sie das Experiment wiederholen –

GOSBOR Stellen Sie sich vor, der Professor hätte nicht sein Sammelsurium aus Mutmaßungen aus dem Fenster und Ihnen auf den Kopf geworfen, und in ihren Kopf wäre nun nicht dieses ungefähre Geplauder, sondern, beispielsweise, einige Werke zur anorganischen Chemie, oder grundlegende Fakten zur Mitose oder auch nur zur Statik von Eisenbetonkonstruktionen, stellen Sie sich einmal vor, Ihnen wäre ein Stowasser, ein Psychrembel oder Netters anatomischer Atlas auf den Kopf gefallen, dazu zwei, drei Wörterbücher beliebiger Sprachen, vielleicht, obendrein, ein Kommentar zur Relativitätstheorie, ha.

TONY Nun ja.

GOSBOR Wollen wir uns nicht daran machen, eine Liste zusammenzustellen, zwanzigtausend nützliche, sinnvolle Seiten, und wollen wir dann nicht zusehen, dass Ihnen dieses kostbare Wissen anstelle dieses Mülls vermittels eines kontrollierten Falls pfleglichst auf ihren Hinterkopf gepfeffert und ins Hirn appliziert werde, Ihnen zum Glücke, der Wissenschaft aber zum Ruhme.

Zurüstungen für die Ewigkeit

Am selben Ort, später.

GOSBOR Kommen Sie, Tony, lassen Sie sich in die Karten blicken. Wovon träumen Sie.

TONY Dass das Zeugs aus meinem Kopf verschwindet.

GOSBOR Das wird es bald. Was wünschen Sie sich, für später.

TONY Ich möchte mein altes Leben zurück. Mit meinen Kumpels auf ein Bier.

GOSBOR Das kann nicht alles sein.

TONY Ein faules Wochenende mit Lisa. Aber die habe ich gesehen, fürchte ich.

GOSBOR Möchten Sie die Welt sehen.

TONY Die sehe ich doch.

GOSBOR Andere Länder, andere Kontinente. Sprachen sind der Schlüssel dazu.

TONY Ein paar Brocken Englisch werden nicht schaden.

GOSBOR Englisch kann heute jeder, lieber Tony, das lernen Sie in zwei Wochen an jeder Straßenecke. Warum nicht lieber Mandarin.

TONY Kenne ich nicht.

GOSBOR China ist die kommende Weltmacht, aber die Sprache ist kaum zu erlernen. Mit diesem Wissen wären Sie einer unter ganz wenigen.

TONY Von mir aus.

GOSBOR Ein Handwörterbuch wäre zu wenig, ein Globalwörterbuch zu viel. Wir wollen ja noch etwas freien Platz für andere Interessen haben. Ist Ihnen das Universallexikon recht.

TONY Sicher.

GOSBOR Gut. Und weiter. In welche Richtung gehen Ihre Interessen.

TONY Film. Film interessiert mich.

GOSBOR Film.

TONY Ein Filmlexikon wäre praktisch.

GOSBOR Ich weiß nicht, ob –

TONY – dann könnte ich nachsehen, welchen Streifen ich noch nicht gesehen habe.

GOSBOR Vielleicht sollten Sie sich überlegen, was Sie produktiv macht. Sie haben schließlich Schulden, Tony.

TONY Wenn Sie meinen.

GOSBOR Sie sind doch handwerklich begabt, nicht wahr.

TONY Bisschen.

GOSBOR Warum nicht die vorhandenen Fähigkeiten vertiefen. Warum nicht eine ausführliche Materialkunde, dazu ein Formelbuch, das würde sich bestens mit Ihrem Chinesisch kombinieren. Es gibt einen unermesslichen Bedarf an qualifizierten Handwerkern. Und das würde Sie auch nicht Ihrem angestammten Sozialbereich entreißen. Sie wären zwar in China, aber unter Ihren Leuten.

TONY Ich finde das Handwerk halt anstrengend.

GOSBOR Genau das wird es nicht sein. Sie werden über dieses Wissen verfügen, ohne auch nur einmal darüber nachdenken zu müssen.

TONY Aha, ja, klar, habe ich vergessen.

GOSBOR Informatik.

TONY Sie meinen Computerzeugs.

GOSBOR Daran kommt man heute nicht vorbei.

TONY Wenn ich es umsonst haben kann.

GOSBOR Tony, Sie sind ein Einzelkämpfer, stimmts, weniger das Herdentier. In einem großen Betrieb fühlen Sie sich nicht besonders wohl.

TONY Hat was.

GOSBOR Ein eigenes Unternehmen wäre vielleicht das Richtige für Sie.

TONY Es darf einfach nicht zu groß sein.

GOSBOR Sie sollten eine Ahnung der betriebswirtschaftlichen Zusammenhänge haben.

TONY Okay.

GOSBOR Marketing.

TONY Sicher.

GOSBOR Und Selbstmanagement. Damit Sie wissen, wie Sie die Dinge geregelt kriegen.

TONY Das wäre bestimmt nicht schlecht.

GOSBOR Also, Sie werden chinesisch sprechen, fundierte Kenntnisse in Materialkunde und Informatik besitzen, dazu das Rüstzeug, sich selbst zu organisieren und Ihre Fähigkeiten zu verkaufen. Wie klingt das.

TONY Und das Filmlexikon.

GOSBOR Sicher, das Filmlexikon, natürlich. Wir sind jetzt bei knapp sechstausend Seiten. Da hat noch was Platz.

TONY Das ist ziemlich viel, was sie mir da auf den Kopf fallen lassen wollen.

GOSBOR Mir scheint das zu einseitig. Sie brauchen einen Ausgleich. Ein Fundament. Sonst werden Sie zum technokratischen Langweiler. Werte, Leitplanken, an denen Sie sich orientieren können, das sollten wir ins Auge fassen.

TONY Woran denken Sie.

GOSBOR Klingt jetzt vielleicht ein bisschen billig, aber wie wärs mit der Bibel.

TONY Wenn es nicht unbedingt sein muss.

GOSBOR Naja, ist vielleicht auch zu dick. Trotzdem. Ein wenig klassische Bildung würde Ihnen nicht schaden.

TONY Was ist das.

GOSBOR Goethe. Schiller.

TONY Sagt mir nichts.

GOSBOR Damit wären Sie jedenfalls auf der sicheren Seite. Damit machen Sie nichts falsch.

TONY Einfach nichts über Geschichte.

GOSBOR Also. Goethe und Schiller in ausgewählten Werken. Gut.

TONY Haben wirs.

GOSBOR Es bleiben noch ein paar hundert Seiten.

TONY Gehen auch Kochbücher.

GOSBOR Kochbücher.

TONY Lisa sagt immer, ein moderner Mann müsse kochen können. Vielleicht verzeiht Sie mir ja, wenn ich mein Unternehmen in China habe, und dann könnte ich ihr ein schönes Essen hinzaubern. Da würde sie staunen.

GOSBOR Sicher, das ist hübsch, und das soziokulturelle Element ist bis jetzt untervertreten. Französisch oder italienisch.

TONY Ich dachte chinesisch.

GOSBOR Ich meine die Kochschule.

TONY Was macht mehr Arbeit.

GOSBOR Französisch.

TONY Dann gerne italienisch.

GOSBOR Schön, lassen Sie uns die Liste durchgehen. Sie werden ein in Informatik und Materialkunde beschlagener Problemlöser sein, der sein kleines Unternehmen betriebswirtschaftlich führen kann und die Tricks im Marketing kennt, fließend chinesisch spricht und die tausend leckersten Rezepte der klassischen italienischen Küche und sämtliche

Filme von 1890 bis in der Gegenwart aus dem FF kennt. Plus ein bisschen was von Goethe und Schiller, zum Abrunden. Wie klingt das.

TONY Nicht schlecht.

GOSBOR Tony, Sie werden ein sehr begehrter Mann sein.

Wie unter einer Guillotine, doch hoffnungsvoll

Im neurologischen Labor. An der Decke hängt,
an einem Seilzug festgemacht, eine große Kiste.

TONY Das Filmlexikon muss nicht unbedingt sein. Und was soll ich mit Chinesisch.

GOSBOR Wir haben das doch besprochen.

TONY Die Sprache lernt man ohnehin am besten im Land.

GOSBOR Womit möchten Sie die Bücher tauschen.

TONY Am liebsten gar nicht. Am liebsten weglassen.

GOSBOR Tony. Wir brauchen die identischen Bedingungen. Wir brauchen exakt zwanzigtausend Seiten.

TONY Das ist eine verteufelt große Kiste. Und so hoch hing die bestimmt nicht.

GOSBOR Die Höhe entspricht dem dritten Stockwerk. Es ist alles geprüft und berechnet. Sie brauchen sich keine Sorgen zu machen.

TONY Und die Ärzte da.

GOSBOR Nur für den Notfall.

TONY Ich glaub, ich schaffe das nicht.

GOSBOR Sie schaffen das.

TONY Können Sie mir nicht was geben, ein Beruhigungsmittel vielleicht.

GOSBOR Das würde nicht den Parametern entsprechen. Tony. Vertrauen Sie mir. Das ist ein historischer Moment. Genießen Sie ihn. In ein paar Minuten wird alles anders sein.

TONY Das klingt wie eine Drohung.

GOSBOR Möchten Sie noch etwas sagen.

TONY Falls was schief geht, sagen Sie Lisa, dass es mir leid tut. Und dass ich sie liebe, immer geliebt habe und immer lieben werde. Auf gehts.

Der Adler ist gelandet

In der Klinik. In einem Besprechungszimmer.
Von irgendwo hört man aufgeregte Stimmen.

GOSBOR Tony, möchten Sie Ihren Besuch nicht begrüßen.

TONY Ni hao. Ni hao ma.

GOSBOR Sehr schön. Und was können Sie uns über das chemische Element Brom erzählen.

TONY Brom ist ein chemisches Element mit dem Elementsymbol Br und der Ordnungszahl 35. Im Periodensystem steht es in der 7. Hauptgruppe und gehört damit zusammen mit Fluor, Chlor, Iod und Astat zu den Halogenen. Der Name des Elements leitet sich von griechisch brômos ›Gestank‹ ab. Elementares Brom liegt unter Normbedingungen in Form des zweiatomigen Moleküls –

GOSBOR Sehr gut. Wann erschien der Film »Modern Times« von Charlie Chaplin.

TONY Im Jahr 1936.

GOSBOR Wer führte die Kamera.

TONY Roland Totheroh und Ira Morgan.

GOSBOR Wie heißen die fünf Schritte in einem Arbeitsablauf nach David Allen.

TONY Erstens Erfassen, zweitens Durcharbeiten, drittens Organisieren, viertens Kontrolle, fünftens Erledigen.

GOSBOR Und können Sie uns sagen, wer Anton Reinhardt war.

TONY *schweigt.*

GOSBOR Oder vielleicht, was mit Oskar geschah.

TONY *schweigt.*

GOSBOR Vielen Dank, Tony. Lisa. Bitte. Setzen Sie sich. Sie sehen, das Experiment war erfolgreich. Wir konnten die

Seiten, die Tony belastet haben, entfernen und durch solche ersetzen, mit denen er sein Leben erfolgreich gestalten kann.

LISA Tony, hörst du mich.

GOSBOR Wir sind Zeugen einer epochalen Wende, nicht nur in der Neurologie, sondern in der Menschheitsgeschichte. Von nun an wird jener Moment in den Geschichtsbüchern als »Tonywende« bezeichnet werden, da die Menschheit gelernt hat, Wissen in seiner reinen Form in die menschliche Kortex zu transferieren, ohne den mühsamen Weg des Lernens gehen zu müssen.

LISA Er wirkt abwesend.

GOSBOR Nun, wir haben es hier mit einer Begleiterscheinung des Experimentes zu tun, über deren Ursachen wir gerade einige Nachforschungen anstellen. Es scheint, als sei ein Teil seiner Persönlichkeit verschwunden, zumindest vorübergehend.

LISA Er hat alles vergessen. Mich, seine Kindheit, einfach alles.

GOSBOR Ich darf Sie daran erinnern, wie wenig spezifisch diese Erinnerungen waren und uns dieser Verlust, so schmerzlich er subjektiv sein mag, von einem objektiven Standpunkt aus gesehen, kaum beunruhigen muss.

LISA Was haben Sie ihm angetan.

GOSBOR Hören Sie, Lisa, Sie haben doch gesehen, in welche Kalamitäten Tony in den letzten Wochen geraten ist. Ich bin überzeugt, dass es nicht die Menge des erworbenen Wissens war, sondern die Art dieses Wissens. Er hat ein unwahrscheinliches Pech gehabt, dass ihm ausgerechnet diese zwanzigtausend Seiten auf den Kopf gefallen sind, überflüssige, nutzlose, sogar schädliche Halbinformationen über ein etwas dämmriges Kapitel der jüngeren Zeitgeschichte, und ich lege es nicht darauf an, Ihnen den Eindruck zu erwecken, ich hätte Aversionen gegen die Geisteswissenschaften. Sie besitzen ihre Berechtigung, denn andernfalls hätten sie sich kaum so lange an den Universitäten halten können. Die Menschen brauchen Geschichten, sie brauchen Sagen, Volksweisen, Legenden – in einer Gesellschaft, die ständig bedroht ist, durch die Zentrifugalkräfte in tausend Stücke gerissen zu werden, dienen diese Erzählungen als identifikatorischer Kitt, zweckdienlich, notwendig, so, wie Gutenachtlieder zielführend sind, um Schreihälse in den Schlaf zu singen, geschenkt, geschenkt. Ich möchte nur nicht, dass die Idee auftaucht, diese Narrationen über die vermutete oder behauptete Kausalität von in Wahrheit unverbundenen Ereignissen in der Vergangenheit hätten auch nur das Geringste gemein mit den Modellen, wie sie Chemie, die Physik, die Mathematik zu bieten haben. Es kann doch nicht Aufgabe der menschlichen Bestrebung sei, Vergangenes in mannigfaltigster Art zu deuten und sich über diese Deutungen in immer pittoreskeren Diskussionen zu verlieren – Aufgabe muss es sein, belastbare Aussagen über die Zukunft machen zu können.

LISA Sie sehen in die Zukunft.

GOSBOR Jede wissenschaftliche Disziplin tut genau das. Wir können zum Beispiel dank der Physik sagen, wie die Flugbahn eines Körpers aussehen wird, wir wissen durch die Wahrscheinlichkeitsrechnung, dass ein perfekter Würfel jede Augenzahl mit der gleichen Häufigkeit zeigen wird, undsoweiter, sie bemerken das benutzte Futur, die grammatikalische Zeit der Wissenschaft, und, Lisa, darf ich Sie fragen, wie oft dieses Futur in Tonys zwanzigtausend Seiten auftaucht.

LISA Das müsste ich überprü-

GOSBOR Kein einziges Mal, alles im Perfekt oder Imperfekt, und stellen Sie sich einmal vor, besagter Professor hätte seine Lebenszeit nicht mit der Deutung irgendwelcher Behördenerlasse, Exportstatistiken und Polizeiakten vergeudet, sondern eine solide, handfeste, überprüfbare Wissenschaft betrieben und aus dem Fenster geworfen, stellen Sie sich einmal vor, liebe Lisa, welchen Nutzen Tonys jetziges Wissen erbringen kann, ein Wissen, das man wahrhaft Wissen nennen darf, weil es nämlich weder der Auslegung, noch der Deutung oder der Interpretation bedarf, weil es sich nämlich nicht auf schöngeistige Tändeleien, sondern auf überprüfbare Fakten stützt. Lisa, können Sie mir folgen.

Lisa Nun ja.

Gosbor: Sie haben doch gesagt, dass Sie in Tonys Augen manchmal etwas leuchten sehen, etwas Großes, glänzend und rein. Jetzt ist da. Jetzt sehen es alle.

Lisa Aber ich sehe es nicht mehr. Er sieht mich nicht mehr.

Gosbor: Die berühmtesten Hirnforscher der angesehensten Universitäten stehen Schlange, um Tony untersuchen zu können. Sein Fall wird durch die Weltpresse gehen. Ich glaube nicht, dass es in einem solchen Fall angebracht ist, die persönliche Empfindlichkeit in den Vordergrund zu stellen, zumal sich Tony deutlich besser als noch vor zwei Tagen fühlt. Sehen Sie ihn sich an. Ein zufriedener Mensch.

Lisa *putzt ihm einen Speichelfaden vom Mund.*

Wie lange muss er hier bleiben.

Gosbor Ich möchte Ihnen keine falschen Hoffnungen machen. Er befindet sich in einer anderen Sphäre, in einem Bereich der Bedeutung, und Sie werden sich daran gewöhnen müssen, dass Tony nun nicht mehr Ihnen alleine gehört. Er ist ein lebendes Weltkulturerbe geworden, ein singuläres Beispiel für die Fortschritte in der angewandten Neurologie.

Lisa Darf ich ihn besuchen.

Gosbor Selbstverständlich, wenn es sich mit den Untersuchungen vereinbaren lässt. Er hat mir übrigens aufgetragen, Ihnen eine Mitteilung zu machen. Ich werde Tonys letzte Worte vor dem Experiment wörtlich zitieren. Falls was schiefgeht, sagen Sie Lisa, dass es mir leid tut. Und dass ich sie liebe, immer geliebt habe und immer lieben werde. Auf gehts.

Fin de la bobine

INHALT

Malaga
Uraufführung am 9. Mai 2010
Schauspielhaus Zürich
Regie: Barbara Frey

Weitere Inszenierungen:
Nationaltheater Mannheim (DE)
Theater Pforzheim
Aitana Galan – Producciones de Teatro (Tournee Spanien)

Parzival
Uraufführung am 16. Januar 2010
Staatsschauspiel Hannover
Regie: Lars-Ole Walburg

Weitere Inszenierungen:
Hans-Otto-Theater, Potsdam
Stadttheater Bern (SE)
Schauspielhaus Bochum

Zwanzigtausend Seiten
Uraufführung am 2. Februar 2012
Schauspielhaus Zürich
Regie: Lars-Ole Walburg

Auslandslizenzen/Übersetzungen
von Lukas Bärfuss' Stücken:
Argentinien, Bulgarien, Dänemark, England, Ecuador, Finnland, Frankreich, Griechenland, Island, Israel, Italien, Kanada, Litauen, Luxemburg, Mazedonien, Mexiko, Niederlande, Norwegen, Peru, Polen, Rumänien, Russland, Ungarn, Uruguay, Schweden, Slowenien, Spanien, Tschechien, Ukraine, Usbekistan

Buchausgaben in Bulgarien, England, Frankreich

Sämtliche Aufführungs- und Medienrechte liegen bei der
HARTMANN & STAUFFACHER GmbH.

Übersetzungen des Romans *Hundert Tage*:
Arabische Welt (Abu Dhabi), Argentinien (spanisch), Bulgarien, China, England, Frankreich, Israel, Italien, Mazedonien, Polen, Russland, Schweden, Türkei